A Bruxa do Sul

RedMoon Diana Melinoe

A Bruxa do Sul

UM GUIA MÁGICO PARA AS
BRUXAS DO HEMISFÉRIO SUL

A BRUXA DO SUL
Direitos autorais © 2024 RedMoon Diana Melinoe
© 2024 Editora Nova Senda

Tradução: Renan Papale
Revisão: Luciana Papale
Ilustrações: Helen Bucci Moreira
Diagramação: Décio Lopes

DADOS INTERNACIONAIS DE CATALOGAÇÃO NA PUBLICAÇÃO (CIP)
Angélica Ilacqua CRB-8/7057

Diana Melinoe, RedMoon

A Bruxa do Sul: um guia mágico para as bruxas do hemisfério sul / RedMoon Diana Melinoe. São Paulo: Editora Nova Senda, 2023.
1ª edição. 224 páginas: il.

ISBN 978-65-87720-29-6

1. Feitiçaria 2. Bruxaria 3. Magia I. Título

22-5367   CDD 133.43

Índices para catálogo sistemático:
1. Feitiçaria e Magia

Proibida a reprodução total ou parcial desta obra, de qualquer forma ou por qualquer meio, seja eletrônico ou mecânico, inclusive por meio de processos xerográficos, incluindo ainda o uso da internet sem a permissão expressa da Editora Nova Senda, na pessoa de seu editor (Lei nº 9.610, de 19/02/1998).

Direitos de publicação no Brasil reservados para Editora Nova Senda.

EDITORA NOVA SENDA
Rua Jaboticabal, 698 – Vila Bertioga – São Paulo/SP
CEP 03188-001 | Tel. 11 2609-5787
contato@novasenda.com.br | www.novasenda.com.br

AGRADECIMENTOS

Toda gratidão à Deusa Hekate por me proporcionar este lindo projeto. Agradeço aos meus pais, Adauto e Odlawsa, por me apresentarem a Magia. Ao meu esposo, Ednardo, pela paciência e apoio, e às minhas filhas, Alice e Caroline, por me iluminarem.

Agradeço a todos meus alunos e seguidores com muito carinho.

Amo Todos Vocês!

Sumário

O Chamado 15
Introdução 17

CAPÍTULO 1 | A Bruxaria nos Tempos Atuais 19
Tradições na Bruxaria 20
Bruxaria e Religião 23
Princípios da Bruxaria 24
Organizando seus estudos 25
Descobrindo sua identidade na Bruxaria 26
Os Pilares da Magia 29

CAPÍTULO 2 | Ferramentas e Artefatos Mágicos 33
O Altar 35
Os Instrumentos Mágicos 36
Purificação e Consagração 39
Confeccionando uma Vassoura de Bruxa 42
Purificando seu Altar 44
Purificação pessoal 45
Consagrando um Objeto Mágico 45
Como consagrar seu Altar 47

CAPÍTULO 3 | **As Energias da Natureza** 51
  Meditação de Conexão com a Natureza.......52
  A Energia do Sol........................42
  A Energia da Lua 57

CAPÍTULO 4 | **Conexão com os Elementos** 61
  Correspondências do Fogo 62
  Correspondências da Água 64
  Correspondências do Ar 67
  Correspondências da Terra 71
  Meditando com os cinco elementos 74
  Os Elementais...........................76

CAPÍTULO 5 | **Lunação e Magia**........................79
  Fases da Lua 79
  Lua nova...............................80
  Lua crescente 81
  Lua cheia..............................84
  Lua minguante 87
  Lua negra 90

CAPÍTULO 6 | **O Cone de Poder**........................93
  Círculo Mágico.........................96

CAPÍTULO 7 | **Práticas Diárias e Rituais**.............101
  A Energia adequada para cada ritual........103
  Cristais..................................103
  Guia Rápido de Cristais 108
  Magia com as Velas 110

CAPÍTULO 8 | Herbologia e Plantas Mágicas 119
Guia de Magia Herbal para promover
Saúde Física, Emocional e Espiritual. 122

CAPÍTULO 9 | A Roda do Ano 125
Celebrações Lunares e Ciclos de Renovação . .126

CAPÍTULO 10 | Os Sabbats 149
Sabbats Maiores 149
Sabbats Menores. 150
Samhain – Meio do Outono 155
Yule – Solstício de Inverno. 160
Imbolc – Meio do Inverno 165
Ostara – Equinócio de Primavera 170
Beltane – Auge da Primavera. 176
Litha – Solstício de Verão. 182
Lammas – Meio do Verão 187
Mabon – Início do Outono 193
Conectando-se com a Natureza do
Hemisfério Sul nos Sabbats 199

CAPÍTULO 11 | Rituais Mensais 203
Primeiro dia do mês 203
Décimo quinto dia do mês 207
Último dia do mês 209

CAPÍTULO 12 | Montando seu Grimório 211

Referências Bibliográficas 215

Rituais e Feitiços

| CAPÍTULO 2 |

Spray de purificação 44
Banho para purificação 45

| CAPÍTULO 3 |

Feitiço de cura e renovação solar 53
Poção da água solar 55
Amuleto solar da prosperidade 56
Poção da água lunar 58
Feitiço para despertar intuição com a Lua 59

| CAPÍTULO 4 |

Feitiço de limpeza com o Fogo 63
Encantamento para despertar uma virtude da Água 66
Feitiço para se libertar de mágoas 66
Encantamento para despertar uma virtude do Ar 68
Poção para concentração 68
Ritual de liberação de crenças limitantes 69
Encantamento para despertar uma virtude da Terra 72
Feitiço para melhorar no trabalho 73

| CAPÍTULO 5 |

Ritual para curar um coração magoado 80
Ritual do pedido da Lua Donzela 82
Ritual do pedido da Lua Mãe 85
Ritual de limpeza e banimento da Lua Anciã 88
Ritual de conselhos da Lua Negra 91

| CAPÍTULO 7 |

Elixir (poção) de Cristais. 106
Feitiço da vela verde (cura). 113
Feitiço da vela azul (reconciliação) 114
Feitiço da vela rosa (adoçamento) 114
Feitiço da vela preta (xô fofoqueira) 115
Feitiço da vela dourada (para encontrar amor). 116
Feitiço da vela roxa (para esquecer um amor) 116
Feitiço da vela prata (para se lembrar dos sonhos). 117
Feitiço da sorte 117

| CAPÍTULO 9 |

Ritual da Lua dos Sonhos. 128
Ritual da Lua dos do Milho 129
Ritual da Lua da Colheita. 130
Ritual de Lua de Sangue. 132
Ritual da Lua de Gelo. 134
Ritual da Lua da Noite Longa 135
Ritual da Lua do Lobo 137
Ritual da Lua da Tempestade. 138
Ritual da Lua dos Corvos. 140
Ritual da Lua da Semente. 143
Ritual da Lua da Lebre. 144
Ritual da Lua Brilhante. 146

| CAPÍTULO 10 |

Ritual de Samhain..................................158

Ritual de Yule......................................163

Ritual de Imbolc...................................168

Ritual de Ostara...................................174

Ritual de Beltane..................................179

Ritual de Litha.....................................185

Ritual de Lammas.................................190

Ritual de Mabon..................................196

| CAPÍTULO 11 |

Primeiro dia do mês...............................203

    Feitiço de soprar canela......................203

    Feitiço de soprar louro........................204

    Feitiço de soprar cravo.......................205

    Banho de atração..............................206

Décimo quinto dia do mês.......................207

    Feitiço do açúcar...............................207

    Feitiço da lavanda.............................208

Último dia do mês.................................209

    Feitiço da sálvia................................209

O Chamado

Uma melodia vibra em seu coração,
uma energia sobe pelo seu estômago,
a euforia toma conta do seu corpo.

Seu coração acelera,
e você já sabe o que é...

Você está ouvindo o seu Chamado.

Introdução

Muito já se discutiu sobre as Bruxas e a prática da Bruxaria; pessoalmente, explorei várias Tradições e sistemas mágicos distintos antes de chegar ao que denomino "Bruxaria Natural" – um conjunto de correntes filosóficas e receitas mágicas que ressoam comigo.

No entanto, vou muito além disso! Sou Bruxa, disso sempre tive plena certeza. Eu sentia isso em meus ossos, mas tinha um sério problema; eu não me encaixava completamente em nada, todas as Tradições e tipos de Bruxaria tinham uma falha para mim. Eu nunca achei um lugar em que pudesse dizer que estava 100% de acordo. Foi então que começou a minha jornada para encontrar onde, de fato, eu poderia me sentir em casa, e assim, eu encontrei a Bruxaria Natural.

Seguindo a linha da Tradicional Bruxaria Natural, vou de encontro à mais pura essência do meu ser. Entretanto, exatamente por ser uma Bruxa Natural, não estou ligada a nenhuma Tradição e seus Dogmas, apenas procuro trabalhar com um tipo de magia que vibra com as regras naturais do Universo. Uma Bruxaria livre, similar à Magia do Caos, a qual acredito e aprecio, podendo escolher meu próprio caminho e interagir diretamente com a Natureza e todo o mistério nela contido.

A Bruxaria é a verdadeira essência do passado. Ela nos remete a tempos em que nos embrenhávamos em florestas e clareiras à procura de ervas, alimentos e raízes, momentos em que cuidávamos dos seres vivos com tanto amor, que a natureza nos presenteava com seus dons. Muito mais que rituais, encantamentos e feitiços, a Bruxaria é o ato de compartilhar, amar, cuidar! É o ato de levar amor, passar esperança por onde quer que vá, fazendo a diferença na vida de muita gente.

No entanto, este livro, foi idealizado não somente para atender à curiosidade dos buscadores dos conhecimentos oferecidos sobre a Bruxaria Natural, o objetivo aqui é trazer essa prática para as Bruxas do Hemisfério Sul. Sabemos que a Bruxaria Moderna teve seu início e desenvolvimento primários no Hemisfério Norte. Entretanto, ao explorar as Tradições mágicas do Hemisfério Sul, torna-se evidente a necessidade de adaptar e contextualizar essas práticas para refletir as nuances e peculiaridades deste outro lado do globo. Este livro busca justamente estabelecer essa ponte entre os dois hemisférios, reconhecendo tanto as origens da Bruxaria Moderna no Norte quanto a singularidade das práticas mágicas no Sul.

Na primeira parte do livro, os assuntos são comuns aos dois hemisférios. Partindo do princípio de que magia é magia, o que muda são os elementos usados nas práticas, não a prática em si. Com essa premissa, as correspondências usadas na segunda parte do livro estão inteiramente voltadas ao Hemisfério Sul, além de um guia que vai orientá-lo com as datas correspondentes ao nosso hemisfério.

Sinta a magia sazonal enquanto explora as tradições e ritmos únicos que definem as estações do Sul. Desde o calor intenso do verão até o frescor do inverno, cada época traz consigo suas próprias energias e potenciais mágicos, aguardando para serem descobertos e utilizados em suas práticas. Esteja pronto para se conectar profundamente com a natureza ao seu redor e descobrir a beleza e o poder da magia que flui em harmonia com os ciclos da sua Roda do Ano.

Bem-vinda(o)! Eu sou a Sacerdotisa RedMoon Diana Melinoe e convidado você a caminhar comigo por essa linda jornada cheia de aventuras chamada *"vida"*.

Nas próximas páginas, veremos alguns conceitos sobre os mais diversos "clãs" do mundo mágico, que vão lhe ajudar nas suas práticas e atividades diárias. Foi assim que construí minha identidade mágica, e espero que, assim, talvez você possa encontrar a sua também.

RedMoon Diana Melinoe

CAPÍTULO 1

A Bruxaria nos Tempos Atuais

O PRIMEIRO PASSO PARA entrar nos caminhos da Bruxaria é a vontade. É a chama interior que acende a jornada mágica, uma força que transcende identidades e se manifesta em todos os corações dispostos a explorar os mistérios. A vontade é o ponto de partida, mas não é apenas um desejo casual. É a determinação que flui como um rio, moldando a realidade conforme avançamos. Em meio às páginas deste livro, exploraremos os alicerces da Bruxaria contemporânea, abrindo portas para compreensões mais profundas e práticas mais significativas.

Neste trabalho, vou usar a palavra "Bruxa" no feminino para me referir a qualquer pessoa que esteja praticando a Bruxaria, não importando se você é transgêneros, cisgêneros ou não binário, isso não vai interferir em nada. Ao usar a palavra "Bruxa" no feminino, reconheço a diversidade de gênero, abraçando a essência que vai além das fronteiras binárias. Independentemente de sua identidade de gênero, saiba que a Bruxaria acolhe a todos, pois é na diversidade que encontramos a verdadeira magia. Vamos avançar juntos, com a vontade como nossa guia, rumo aos segredos que nos aguardam nos recantos da prática mágica moderna.

Bruxa é aquela pessoa que trabalha com as energias, que manipula o que não é físico, sente as vibrações e faz misturas para conseguir o que se deseja. A Bruxa se conecta com a vida e traz para o mundo físico as energias necessárias para tornarem reais suas vontades.

Inicialmente, quando fui pesquisar um pouco mais sobre este assunto, achei tantos tipos de Bruxaria que fiquei fascinada e ao mesmo tempo um pouco perdida.

A Bruxaria Moderna nada mais é que a adaptação de rituais antigos para o mundo atual. Um exemplo clássico disso, é a mistura da sabedoria ancestral dos efeitos de uma erva com a ciência que atesta a veracidade desta mesma erva para seu uso em propriedades medicinais. Então, através do reconstrucionismo (novas formulações de antigos cultos, ideologias e culturas) de feitiços, práticas e celebrações devocionais, nasceram várias Tradições, e a mais famosa delas atualmente é a Wicca.

Tradições na Bruxaria

Tradição é uma transmissão de costumes, comportamentos, memórias, rumores, crenças e lendas para pessoas de uma comunidade. Na Bruxaria, uma Tradição é basicamente um grupo em comum que segue conceitos estabelecidos de como praticar a magia. Cada Tradição tem suas crenças e formas de trabalho específicas, são o que eu chamo de "clãs". Veja alguns exemplos.

1734: corrente específica dentro da Bruxaria Moderna e da Wicca. Seu nome é frequentemente associado ao ano 1734, que alguns praticantes consideram ser o início de uma linhagem particular ou a data de eventos significativos em sua Tradição. A Tradição 1734 tem suas raízes na Inglaterra e enfatiza a Bruxaria tradicional, rituais de mistério e uma abordagem mais sombria em comparação com outras Tradições.

Alexandrina: fundada por Alex Sanders, essa Tradição tem semelhanças com a Wicca, mas possui outra linha e é mais velada. Influenciada pela Wicca de Gerald Gardner, a Tradição Alexandrina enfatiza rituais de magia, adoração à natureza e o equilíbrio entre os princípios divinos masculinos e femininos. Sanders desempenhou um papel fundamental na popularização da Bruxaria contemporânea, deixando um legado duradouro na comunidade Pagã.

Ancestral: uma Tradição de Bruxaria que venera Deuses Ancestrais, ou seja, Deuses anteriores ao surgimento das religiões modernas. Defende que o ser humano não é superior aos demais animais e que tudo no Universo segue o mesmo fluxo, chamado por eles de "Dança da Deusa".

Ásatrú: criada durante o século 19 pelos seguidores do Neopaganismo Nórdico, esta Tradição busca a reconstituição moderna da tradição religiosa da Escandinávia anterior ao cristianismo. Uma expressão moderna do Paganismo, baseada nas antigas tradições religiosas dos povos germânicos, especialmente os nórdicos. Os praticantes de Ásatrú honram os Deuses nórdicos, como Odin, Thor e Freyja, e buscam se reconectar com a mitologia e a espiritualidade dos antigos nórdicos. Rituais, *blóts* (ofertas) e a ênfase na ética e nas virtudes são características centrais da Ásatrú, que cresceu como uma tradição revitalizada nos tempos modernos.

Diânica: centrada no culto à Deusa Diana, a Tradição Diânica é uma vertente da Wicca com ênfase na Deusa. Enfatiza a adoração ao Sagrado feminino e a celebração da feminilidade. Muitas vezes associada à Bruxa Zsuzsanna Budapest, esta Tradição Wiccaniana muitas vezes destaca as fases da vida da mulher e pode ser centrada em grupos de mulheres.

Eclética: praticantes ecléticos, que adaptam livremente rituais, crenças e práticas mágicas, criando uma abordagem personalizada que atende às suas preferências individuais, valorizando a liberdade de escolha e a integração de influências espirituais diversas.

Feri: desenvolvida por Victor e Cora Anderson, esta Tradição é uma corrente dentro da Bruxaria Moderna, conhecida por suas práticas intensas, magia ritual e misticismo. Com ênfase na individualidade e na transformação pessoal, a Tradição Feri atrai praticantes que buscam uma abordagem mais visceral, abraçando a ideia de um mundo espiritual habitado por diversas entidades, incluindo seres feéricos. As fadas, neste contexto, são frequentemente consideradas como forças espirituais com as quais os praticantes da Feri podem interagir e buscar orientação. Essa conexão com o reino das fadas adiciona uma dimensão mágica e mitológica à Tradição Feri, tornando-a única e distintiva em sua abordagem espiritual e mágica.

Gardneriana: esta Tradição tem como princípio a devoção à Deusa e ao Deus e a conexão com a natureza. Uma forma de Bruxaria Moderna iniciática, fundada por Gerald Gardner na década de 1950. Inspirada por práticas pré-existentes, esta Tradição é considerada uma das primeiras Tradições Wiccanianas, enfatizando a adoração à natureza e rituais cíclicos. Gardner foi fundamental na popularização da Bruxaria contemporânea. Seus rituais específicos, um sistema hierárquico de iniciação e adoração à dualidade divina (Deus e Deusa), usa ferramentas rituais e tem ênfase na prática mágica. Os membros da Tradição Gardneriana seguem um conjunto de ensinamentos transmitidos oralmente durante as iniciações.

Hereditária: esta tradição fundamenta-se na transmissão de práticas mágicas e conhecimentos espirituais de forma contínua ao longo das gerações dentro de uma mesma família, valorizando a autenticidade das Tradições. A ênfase recai na preservação das raízes culturais e espirituais específicas de uma linhagem familiar, proporcionando uma base sólida para a prática da Bruxaria.

Stregheria: movimento moderno Neopagão surgido na Itália e nos Estados Unidos. Suas raízes estão nos cultos Neolíticos. Seu nome deriva de *Strega*, que significa "Bruxa" em italiano. Essa Tradição é centrada na Deusa Diana Nemorensis e teve início com uma Sacerdotisa da Deusa Diana chamada Aradia. Os praticantes da Stregheria frequentemente celebram a natureza e seguem uma ética centrada na harmonia com o mundo natural. A Tradição é bastante diversificada, com diferentes linhagens e práticas, mas em geral, busca manter as tradições espirituais e mágicas italianas.

Essas e outras correntes mágicas que trazem a visão filosófica da "Bruxaria Livre" era tudo o que eu precisava para entender um pouco mais da Bruxaria Natural. Após muito estudo e prática, percebi que eu tinha uma visão mais caótica das coisas. Fazer uma salada mística e adicionar elementos diferentes parecia normal para mim. Na Bruxaria Natural, você pode ser Bruxa e fazer rituais com Divindades, Elementais, Orixás, Guias, Entidades ou não. Não existe uma regra a seguir.

Existem informações básicas para você conseguir, de maneira segura, realizar suas magias. A ideia de que você é livre para cultuar o que é sagrado para você e se conectar com a natureza e tudo que é natural, é linda.

Na Bruxaria Natural, você pode escolher seu próprio caminho, é onde vamos buscar nossa essência mais pura, interagindo diretamente com a Natureza e todo o mistério nela contido, vamos a esse encontro dentro de nós mesmos, resgatando a nossa magia interior.

Bruxaria e Religião

Por questões ideológicas, a palavra "religião" muitas vezes carrega uma conotação de aprisionamento para algumas pessoas. Ao longo dos anos, ao interagir com milhares de Bruxas, pude constatar que essa percepção é bastante difundida. A resistência à ideia de religião muitas vezes reflete uma busca por espiritualidade mais pessoal e livre, uma expressão que transcende as limitações percebidas por muitos.

Para compreender a interação entre Bruxaria e Religião, é essencial explorar o conceito de religião, que está intrinsecamente ligado ao "religare", o ato de estabelecer uma conexão com uma ou mais Divindades. Embora muitos associem a Bruxaria à religião, essa relação pode se tornar um impasse. Eu prefiro adotar o termo "Sagrado" em vez de "religião", afinal, o verdadeiro aspecto sagrado (distante das interpretações patriarcais) envolve a reconexão com as Divindades. Dessa forma, podemos nos conectar ou reconectar ao que é sagrado para cada um, abrangendo Divindades e todas as energias espirituais consideradas significativas

A Bruxaria para mim é como um templo fundamentado em quatro princípios: *Arte*, *Filosofia*, *Ciência* e o *Sagrado*.

Tudo na sua jornada mágica precisa de organização. A prática da Bruxaria demanda dedicação e atenção tanto em rituais diários quanto em sua rotina de vida. Sem uma ordem bem estabelecida, os resultados desejados podem se dissipar. Os quatro princípios fundamentais devem ser construídos com igual intensidade, evitando excessos que possam gerar prejuízos e obstáculos no avanço da sua jornada mágica.

Princípios da Bruxaria

Arte: do latim *ars*, a arte é o conceito que abraça todas as criações humanas, destinadas a expressar uma visão sensível do mundo. A arte capacita a comunicação de ideias, emoções, percepções e sensações. Na Bruxaria, a arte é a maneira pela qual a Bruxa realiza seus rituais, liberando sua energia por meio de expressões como a dança, o canto, etc.

Ciência: a ciência nos fornece saberes para adquirirmos conhecimento, pesquisa de informações, registro de dados, ervas e tudo que possamos precisar. A ciência vai nos auxiliar a criar nossos feitiços com mais exatidão, verificar sua eficácia, observar e estudar.

Filosofia: é o caminho que nos conduz à sabedoria vivenciada em nosso ser. Enquanto o aprendizado nos fornece entendimento, a sabedoria é a aplicação prática desse conhecimento na vida. No âmbito da Bruxaria, a filosofia nos impulsiona a questionar nossa existência e ética mágica. A Filosofia nos instiga a refletir sobre ações adequadas, guiando-nos na compreensão de limites morais e enriquecendo nosso trabalho com as sombras.

Sagrado: é a crença energética que valida nossos princípios, conferindo uma natureza divinizada a algo em uma perspectiva mais individual. Para mim, o Sagrado são as Divindades; para outros, pode ser a sua própria divindade interna, a natureza ou o Universo. É a força maior que governa nossa vida espiritual. Com esses fundamentos como base, torna-se possível ser uma Bruxa e acreditar em um Deus Patriarcal do catolicismo, crer em vários Deuses e Deusas ou optar por não cultuar Deus algum.

Até Einstein reconheceu que a verdadeira essência da matéria reside na concepção de objetos materiais como núcleos de energia condensada, capazes de possuir sua própria energia e absorver influências externas. Utilizar um cristal para purificar o ambiente de energias densas, por exemplo, representa o emprego consciente dessa energia – um ato de Bruxaria! Trabalhar com essas energias serve como um guia que naturalmente conduzirá você à prática da magia. Veremos isso mais adiante neste livro.

Organizando seus estudos

Para consolidar seu caminho mágico, é essencial documentar essa jornada. Elabore um mapa marcando lugares potencialmente perigosos ou ilusórios e indique com segurança as áreas que deseja explorar. Estou me referindo aos Diários Mágicos. Em essência, você deve manter três desses diários.

- Um Diário dos Sonhos.
- Um Diário das experiências e conteúdos mágicos.
- Seu Grimório, que é um compilado das magias que deram certo e dos conteúdos que de fato foram experimentados e você obteve sucesso com eles. Também chamado de "Livro das Sombras".

Seu Diário Mágico pode ser feito de forma física, de papel, como uma agenda, um caderno ou um fichário, mas também pode ser digital, em um documento de Word ou bloco de notas. O importante é manter um registro recorrente.

A organização é de extrema importância. Quando você estudar um conteúdo, sempre anote suas fontes, o dia que estudou a lua, etc. Vou deixar um exemplo que eu uso.

RedMoon, 14 de Dezembro de 2021.
Rio de Janeiro, Lua Crescente em Áries, Segunda (lua).
Humor: entediada, mas focada.
Fontes consultadas: Livro X do Autor Y, página .... até ....
Sites consultados: www.site.com acessado às 19:25

Antes de começar a explorar qualquer texto ou livro, incorpore o hábito de dispersar as energias, seja esfregando as mãos, seja tocando um sino. Isso se revela útil especialmente quando a mente divaga durante os estudos.

Descobrindo sua identidade na Bruxaria

Para prosseguirmos, é crucial analisar e moldar sua imagem mágica. Entender quem você é torna-se fundamental para determinar a vertente que mais ressoa com você. Existem diversas abordagens na prática mágica; o primeiro passo é descobrir sua identidade na magia. Compartilho aqui algumas questões emprestadas da Magia do Caos que me ajudaram a refletir sobre minha própria essência.

Particularmente, não sigo uma abordagem fixa na magia. Trabalhe com aquilo que deixa você confortável. A Magia do Caos destaca a liberdade de ser quem deseja ser, mas não é necessário rotular-se como caótico para isso. A Bruxaria Natural se harmoniza com diversas formas de magia.

As anotações a seguir proporcionarão uma reflexão sobre seu estado atual. Registre tudo em seu diário e acompanhe periodicamente para observar sua evolução.

Nome mágico: seu nome mágico não precisa ser definitivo, ele vai refletir quem você é neste momento. É um nome mutável, que remete a como você está vibrando e que pode/deve ser mudado com o tempo. Você pode ter um nome mágico público, um nome mágico para seus rituais, etc. Assim como os Deuses possuem epítetos, você também pode ter vários nomes.

Dados pessoais: gênero, orientação sexual, data e local de nascimento, cidade, estado e país em que mora: isso tudo pode ser importante no futuro, ou não, mas vamos montar sua história pessoal aqui. Anote sempre a situação em que está no momento atual.

Cor, frase e palavras favoritas: anote o significado da cor de sua preferência. O que ela representa para você? Registre a frase de um livro, de uma música ou qualquer frase que ressoa bem para você. Invente uma palavra ou use alguma conhecida de que goste, pode até ser de outro idioma.

Sua filosofia de vida: a filosofia de vida de uma pessoa é profundamente pessoal e pode ser moldada por uma variedade de influências, incluindo valores familiares, experiências de vida e crenças espirituais. As percepções de certo e errado, moral e ética são muitas vezes baseadas em princípios fundamentais que orientam o comportamento e as decisões. Isso pode incluir valores como honestidade, respeito, empatia e justiça. Alguns indivíduos podem se inspirar em princípios filosóficos, éticos ou religiosos específicos, enquanto outros desenvolvem uma abordagem mais personalizada, integrando diversas fontes para criar uma visão única do que constitui uma vida ética e significativa.

Símbolos e mitos favoritos e o que eles representam: seja um objeto pessoal, seja um animal, seja um conto, escolha aquilo que tem um significado profundo para você, independentemente da interpretação de outras pessoas. Isso enriquecerá sua conexão com eles.

O Caminho da Mão Esquerda, da Mão Direita ou Caminho do Meio: o Caminho da Mão Esquerda defende a frase "Seja feita a *minha* vontade!". Sua magia é mais envolvida em limpezas, maldição, amarração, questões mais materialistas. O Caminho da Mão Direita é associado a objetivos altruístas ou virtuosos, magias de cura, questões do coletivo, etc. O Caminho do Meio visa a vontade do indivíduo levando em considerações questões que afetam o coletivo, tem a ideia de quebra de padrões do Caminho Esquerdo mas também busca questões que não prejudiquem o todo.

Habilidades mágicas: explore suas capacidades, como sonhos lúcidos, clarividência e outras ainda não descobertas. Este é um terreno fértil para o crescimento pessoal e mágico.

Que tipo de magia atrai você: magia de cura, glamour, magia tântrica, yoga, magia de atração, magia cósmica, magia com ervas, cristais, elementais, etc.

Escolha de um animal e seu significado pessoal: selecione um animal que ressoe significativamente para você, explorando o simbolismo que ele carrega em sua visão de mundo. Esta escolha vai auxiliar você a identificar um familiar espiritual, além de permitir uma conexão mais profunda com seu animal favorito, revelando aspectos simbólicos que podem enriquecer sua jornada espiritual e mágica.

Livros favoritos de Bruxaria: existe uma gama enorme de publicações. Ajuda se você selecionar aquelas que vão de acordo com seus princípios, mas também é bom ler algo que não condiz com seus pensamentos, para ter embasamento em suas práticas.

Mapa Natal: se você ainda não fez um, corra já fazer. Caso não queira ou não possa fazer com um astrólogo, existem vários sites que podem lhe oferecer o básico e que vai lhe servir bem se você procurar se aprofundar um pouco mais.

Um número que representa você: fazer um breve estudo numerológico também contribui com suas práticas. Mas você também pode colocar aqui um número de sua preferência.

Limites dentro da Bruxaria: na prática da Bruxaria, a ética desempenha um papel fundamental, guiando os praticantes na busca do equilíbrio entre poder e responsabilidade. Muitos estabelecem limites claros, recusando-se a realizar rituais que possam prejudicar outros seres vivos. A compreensão da interconexão entre todas as coisas é central, promovendo um compromisso com a harmonia e o respeito à natureza.

A ética na Bruxaria é moldada por valores como compaixão, justiça e a consciência de que as energias manipuladas devem ser usadas para o bem e o crescimento, evitando qualquer intenção prejudicial. Como você se vê dentro deste conceito?

Concepção Divina e influências religiosas: em suas próprias palavras, explique o significado pessoal que atribui ao Deus e à Deusa na sua prática espiritual, compartilhando como essas entidades se encaixam em sua visão de mundo. Além disso, faça uma reflexão sobre o impacto de alguma religião em sua vida, mesmo que não a frequente regularmente, destacando como essa influência moldou seus valores e crenças ao longo do tempo.

Prática espiritual como motivo para rompimentos: descreva qualquer ruptura que você já teve em qualquer tipo de relação com outra pessoa por conta de suas práticas espirituais, não necessariamente somente relacionamentos amorosos.

O que você deseja encontrar na Bruxaria: por fim, faça uma autoanálise e registre em seu diário o que você deseja encontrar na Bruxaria. Isso vai fortalecer seus objetivos futuros e proporcionar segurança e confiança em seu trabalho.

Agora que você anotou todas as informações sobre seu eu mágico, guarde esses dados e utilize-os para validar seus trabalhos. Você perceberá o impacto positivo ao realizar um feitiço com o elemento certo ou na data, número ou posição astrológica favorável.

Os Pilares da Magia

Existem certas atitudes que devemos adotar no decorrer da nossa vida mágica. Um código de conduta para o bom desenvolvimento da nossa jornada. Por mais simples que pareça, é importante reler esta parte em diversos momentos do nosso caminho. Essas condutas vão fornecer uma postura adequada para sua autocompreensão e para aquilo que vamos desenvolver ao longo do tempo.

Tudo que é trabalhado de forma desordenada gera confusão e perda de tempo e de energia, tenha foco em sua jornada.

Com forte influências das tradições herméticas, existem quatro Pilares na Bruxaria denominados: "Saber, Querer, Ousar e Calar"[1], que são conhecidos como as quatro fases ou etapas de um processo mágico e são frequentemente resumidos da seguinte maneira:

Saber: desvendando os mistérios do conhecimento mágico

Antes de realizar qualquer trabalho mágico, é fundamental ter um entendimento sólido dos elementos envolvidos na Bruxaria, incluindo correspondências astrológicas, propriedades das ervas, simbolismos e técnicas mágicas. Este princípio se refere ao conhecimento e à compreensão dos segredos ocultos.

No mundo da Bruxaria, o "Saber" transcende o conhecimento superficial e está ligado ao elemento Ar; uma jornada que nos leva a explorar as profundezas dos mistérios mágicos. É como abrir um livro antigo e sentir as palavras sussurrando segredos milenares. Conhecer é desvendar as tramas astrológicas, as propriedades das ervas e os encantos dos símbolos. É como possuir uma chave que abre portas para reinos ocultos, onde a magia floresce no entendimento profundo.

Querer: as chamas do desejo na Bruxaria

Representando a vontade e o desejo, o "Querer" é ligado ao elemento Fogo e vem após adquirir o conhecimento necessário, é preciso ter uma intenção clara e definida. A vontade aqui não se refere apenas ao desejo superficial, é um compromisso profundo e alinhado com a verdadeira essência do praticante.

No Caldeirão Mágico da Bruxaria, Querer é o fogo que queima com um desejo inextinguível. É mais do que uma vontade superficial; é a paixão que dança nas chamas, moldando sonhos e intenções.

---

1. Para conhecer mais profundamente este tema, consulte o livro *Bruxaria Elemental*, de Heron Michelle, publicado no Brasil pela Editora Nova Senda.

É o desejo que se funde com a essência do ser, alimentando a magia com uma força imparável. É como olhar para as estrelas e querer não apenas tocá-las, mas tecer constelações com os próprios dedos.

Ousar: a coragem de desbravar os reinos mágicos

Ousar envolve coragem e ação. Uma vez que o conhecimento está presente e a vontade é estabelecida, é necessário ousar e agir. Este princípio encoraja a seguir adiante com a prática mágica, enfrentando desafios e superando obstáculos.

No caminho da Bruxaria, "Ousar" está ligado ao elemento Água; é como se lançar em um lago profundo com o coração pulsando no compasso da magia. É a coragem de desbravar reinos desconhecidos, enfrentando os desafios e as sombras do caminho mágico. Esse Pilar reflete a correnteza que segue seu curso, contornando obstáculos. Realizar a magia requer atitude: pesquisa, reunião de materiais e a ousadia de colocar em prática o que se deseja.

Calar: o silêncio que sela a magia

Após realizar o trabalho mágico, é recomendado manter silêncio sobre os detalhes específicos do ritual. Isso não apenas protege a energia e a intenção do trabalho, mas também preserva a sacralidade do ato mágico em si.

Associado ao elemento Terra, "Calar" é como envolver a magia em mantos secretos, protegendo suas intenções. É mais do que manter informações confidenciais; é um pacto com os mistérios, um entendimento de que algumas coisas são sagradas demais para serem compartilhadas.

Calar reflete a paciência, a estabilidade e o autocontrole inerentes a esse domínio. Como a terra que guarda seus segredos, é imperativo manter os feitiços em um abraço acolhedor de silêncio.

CAPÍTULO 2

Ferramentas e Artefatos Mágicos

Antes de mergulharmos nas Ferramentas e Artefatos Mágicos que compõem a Bruxaria Natural, é crucial entender a importância do altar nas práticas mágicas. O altar é mais do que um simples espaço físico; é o coração pulsante onde a energia se concentra e a conexão com o Sagrado se estabelece. É o espaço sagrado de uma Bruxa, um vórtice energético que nos liga ao mundo espiritual, um ponto centralizado de poder que mantém o equilíbrio.

O altar é uma representação tangível do mundo espiritual e da conexão com a natureza. É onde a Bruxa se encontra com os elementos, a Divindade e a energia cósmica para trabalhar sua magia. Este espaço sagrado pode variar de tamanho e complexidade, mas sua essência é sempre a mesma: um local carregado de intenção e significado pessoal.

Na Bruxaria Natural, o altar é frequentemente dedicado aos elementos fundamentais – Terra, Ar, Fogo e Água – representados por objetos simbólicos que os evocam (as Ferramentas e os Artefatos Mágicos). Você pode usar uma pedra ou um cristal para o elemento Terra; um incensário para o Ar; uma vela para o Fogo e uma taça com água para representar a Água.

Além disso, é comum encontrar no altar símbolos da Deusa e do Deus, representando a dualidade Divina da feminilidade e masculinidade presentes na natureza e em cada indivíduo.

Ao longo deste capítulo, vamos explorar a configuração do altar, sua criação e consagração, além da escolha dos elementos e objetos que o compõem e como esse espaço pode ser adaptado e personalizado de acordo com as práticas individuais de cada um.

Altares podem ser montados apenas quando um ritual for realizado, no entanto, a maioria das Bruxas que conheço possuem um altar fixo. Neste local Sagrado, são feitas preces, oferendas e também pode ser um lugar ideal para escrever em seu Diário Mágico (ou Livro das Sombras).

Todo altar deve conter uma âncora energética, que é o elemento que vai servir de "antena", enviando e recebendo energia. Esse elemento pode ser um cristal ou um pentáculo.

A maioria dos altares são feitos com a representação dos elementos e das energias universais. Se você trabalha com alguma Divindade, que é o meu caso, mantenha a representação desse ser divino em seu altar também.

Não há uma regra, mas uma prática comum envolve a organização de um altar levando em consideração os pontos cardeais reais, os quais podem ser determinados com o auxílio de uma bússola para garantir precisão. Alternativamente, você pode escolher designar a parte de cima como o Norte e seguir sequencialmente, relacionando cada direção com os quatro elementos.

Vamos adentrar a este espaço mágico, onde a energia se funde com a intenção e a conexão com o divino e a natureza se torna tangível.

O Altar

Montar um altar na Bruxaria Natural é uma forma poderosa de criar um espaço sagrado para práticas mágicas e conexão espiritual. Aqui estão algumas dicas para montar um altar significativo e pessoal:

- **Escolha do local:** encontre um espaço tranquilo e dedicado onde você possa montar seu altar. Pode ser uma mesa, uma prateleira ou mesmo um canto especial em sua casa.

- **Intenção e propósito:** antes de começar, reflita sobre o propósito do seu altar. Ele vai servir para meditação, rituais, feitiços específicos ou para honrar a natureza? Definir sua intenção ajudará na seleção do que vai compor o altar.

- **Símbolos da Deusa e do Deus:** se você segue este conceito, inclua símbolos ou representações da Deusa e do Deus, como estátuas, imagens, ou objetos que os representam para você.

- **Artefatos pessoais:** acrescente objetos que tenham significado pessoal e espiritual para você. Pode ser uma pena encontrada durante uma caminhada na natureza, uma flor seca, uma joia especial, ou qualquer item que ressoe com a sua prática.

- **Cores e simbologia:** considere o uso de cores associadas à sua intenção. Por exemplo, verde para cura, azul para paz, vermelho para paixão. Além disso, incorpore símbolos ou runas que representam seus objetivos ou intenções mágicas.

- **Manutenção e limpeza:** mantenha seu altar limpo e organizado. Faça uma limpeza energética regularmente, seja com incenso, cristais ou outras práticas de purificação.

- **Intuição e evolução:** seu altar é um reflexo de sua jornada espiritual. Sinta-se à vontade para alterá-lo conforme sua prática evolui ou conforme novos elementos ganham significado para você.

Lembre-se, não há regras rígidas para montar um altar na Bruxaria Natural. Sinta-se à vontade para adaptar e personalizar de acordo com sua intuição e conexão pessoal com os elementos e a espiritualidade.

O mais importante é que ele seja um espaço que inspire e fortaleça sua prática mágica e espiritual.

Como podemos representar os elementos no altar:

- **Ar (Oeste):** athame, pena ou incenso.
- **Terra (Norte):** pote com sal, pedra ou cristal.
- **Água (Leste):** cálice.
- **Fogo (Sul):** varinha ou vela vermelha.

Posicione-os nos pontos cardeais ou onde você sinta ser intuitivamente mais correto.

O Pentagrama, símbolo do macro e do microcosmos, pode ser utilizado para representar os cinco elementos, ou seja, os quatro previamente mencionados e o quinto elemento, conhecido como "Éter" ou "Espírito".

Algumas Bruxas colocam todos os seus instrumentos ritualísticos no altar, outras preferem colocar poucos elementos e adotam armários e outros lugares para armazenamento.

Os Instrumentos Mágicos

Instrumentos Mágicos ajudam a direcionar a energia, é um complemento, assim como o pincel é para o pintor. Eles possuem características próprias e podem simbolizar algum elemento.

Em sua maioria, são utensílios usados para manipular energia, e não precisam necessariamente ficar expostos no altar, você pode armazenar seus instrumentos em um lugar específico, como em uma caixinha de madeira, por exemplo.

Cada instrumento já traz consigo certas energias, por isso é muito importante que, antes de fazer uso deles de forma magística, uma purificação seja feita e, em seguida, uma consagração para tornar sagrado seu uso (veja no capítulo a seguir).

Todo Instrumento Mágico possui vibração energética, além de seu objetivo físico. Utilizá-los em um ritual pode beneficiar sua eficácia, como é o caso da tesoura em rituais de cortes, por exemplo. Existem basicamente dois tipos de Instrumentos Mágicos, um grupo para manipular ingredientes e um grupo para manipular energias. Veja alguns utensílios que vão facilitar sua vida mágica.

Para manipular ingredientes

Seja para preparar um pó mágico, seja para um óleo de consagração, você vai precisar usar instrumentos especiais para isso. Não é correto recorrer a sua cozinha para pegar os utensílios de fazer comida e usar em práticas mágicas. Tudo deve ter sua finalidade específica, guardado limpo e tratado com carinho.

Veja alguns exemplos:

- **Taça, cálice ou xícara:** basicamente, um altar não está completo sem o elemento Água. Para isso você vai precisar de um recipiente e, obviamente, algum líquido durante o ritual. Para tomar um chá mágico, você pode ter vários recipientes ou apenas um, siga sua intuição.

- **Pilão:** somos Bruxas Naturais, trabalhamos com ervas, com certa frequência vamos precisar esmagá-las para confecção de pós e incensos. Não use o seu utensílio da cozinha, reserve um exclusivamente para esse fim.

- **Vasilhas:** misturar ingredientes para poções, receitas mágicas ou para colocar oferendas sobre o altar requer um recipiente adequado. Use uma vasilha preferencialmente de vidro ou de cerâmica. Isso porque o plástico pode reter odores e óleos.

- **Faca ou tesoura:** o athame é uma faca própria para manipular energias. Ele não tem lâmina afiada, por isso não deve ser misturado para cortar ervas ou outras coisas. Tenha uma faca afiada para picar e preparar suas magias. Eu gosto de usar uma tesoura de ferro amolada para quando preciso decorar meu altar ou picar ervas.

- **Outros artefatos:** conforme for avançando em sua jornada mágica, seus equipamentos vão aumentando. Balanças, garrafinhas para poções, potes, etc., vão se avolumando. Faça uma limpeza vez ou outra e jogue fora peças quebradas, sujas ou que não terão mais serventia. Caso acredite que aquilo será usado em outras magias, rotule e guarde de maneira protegida.

Para manipular energia

Diferente dos artefatos mágicos anteriores, agora vamos conhecer objetos que serão utilizados para manipular energias. Estes instrumentos podem ser usados normalmente durante um trabalho mágico.

- **Athame:** faca de dois gumes, mas que não é amolada, pois não existe necessidade de corte. O athame vibra com a energia do elemento Ar. Quando usado, a energia se estende por seu braço e percorre o athame para assim se projetar no ar de acordo com sua vontade. O athame pode ser usado energeticamente para desenhar sigilos, círculos mágicos e para cortar energia durante rituais e feitiços.

- **Tesoura:** essa tesoura, diferente da falada anteriormente, não precisa estar amolada, ela serve para simbolizar a energia de corte. Usada em rituais de cortes de laços energéticos, banimentos, etc.

- **Sino:** também associado ao elemento Ar, sua vibração ressoa no local, promovendo intensas vibrações e ajudando na dissipação energética. Por esse motivo, o sino é muito utilizado para marcar o início e/ou o fechamento de um ritual. O sino dissipa as energias anteriores, promovendo a limpeza energética para dar início ao ritual, e dissipa as energias no final.

- **Pantáculo:** um pentagrama desenhado em um círculo, que pode ser de madeira, usado, dentre outras finalidades, para centralizar as energias do altar. Também é muito usado como âncora energética para o altar, como centro energético. Objetos que serão consagrados ou amplificados energeticamente são colocados sobre ele.

- **Caldeirão:** chamado também de útero da natureza, tudo que é colocado sobre ele é aumentado energeticamente e suas energias de criação potencializam o que é posto em seu interior.
- **Outros instrumentos:** dependendo de sua prática, alguns outros instrumentos, como, por exemplo, um espelho mágico de obsidiana para contato com o plano espiritual, um pêndulo, incensários, porta-velas serão úteis de serem agregados em suas magias.

Purificação e Consagração

A purificação é o ato de limpar o objeto/pessoa de toda e qualquer energia não condizente com a função que você deseja. Assim como as pessoas podem ser influenciadas energeticamente pelos ambientes em que passam, os objetos também! Portanto, sempre que adquirimos um objeto para ser usado na magia, devemos seguir com sua purificação. Imagine todas as pessoas que tocaram e manusearam aquele objeto antes de você, tudo isso fica em sua memória energética.

O processo de purificação deve começar pela limpeza física e depois energética. Como vamos trabalhar com energias, todas elas devem estar em sintonia com o seu propósito. Consagrar é tornar algo em caráter sagrado. É dedicar uma função. Algumas Bruxas se consagram para serem Altas Sacerdotisas de uma Divindade específica, mas isso não é necessariamente uma regra.

Consagrar não é apenas uma cerimônia, devemos posteriormente respeitar tal função a qual se deu a consagração, reverenciar como objeto ou pessoa sagrada. Ao se consagrar, seu objeto pode receber um nome específico, assim como as pessoas que, ao se consagrarem, adotam seu nome de Bruxa. Meu nome foi consagrado como RedMoon Diana Melinoe.

Um objeto consagrado, como, por exemplo, um cálice para o altar, deve ter apenas esta finalidade, é desrespeitoso usar um objeto sagrado para outros fins. Mas se porventura assim o fizer, deve-se purificar e reconsagrar novamente o objeto.

Seu altar será um Espaço Consagrado. Jamais devemos pôr sobre ele coisas que desrespeitem sua finalidade, como cadernos comuns ou qualquer outro objeto (seu altar não é uma mesa).

A mesma coisa serve para a pessoa que se consagra, ela deve entender que sua vida é um reflexo daquilo que a consagrou e que ela passa a ser uma representante física daquela energia. As pessoas que o conhecerem não devem ter dúvidas quanto ao seu caráter e palavra, pois você não dará motivos para isso.

Sinais e sintomas da necessidade de limpeza/purificação

Caso uma pessoa sinta alguns sintomas em qualquer ambiente, é ela que precisa de limpeza/purificação. Caso seja um local onde os sintomas acontecem apenas nesse ambiente, a limpeza e a purificação devem ser feitas no local. Veja alguns sintomas comuns:

- Cansaço físico e mental.
- Preguiça e moleza que surge do nada.
- Os objetos somem e quebram com frequência.
- Nervosismo e ansiedade sem motivo.
- Desânimo, fraqueza.
- Sensação de tédio rotineira.
- Discussões e brigas.
- Todos ficam com os nervos à flor da pele por qualquer razão.
- Insônia, pesadelos e outros distúrbios do sono.
- Melancolia e pensamentos negativos ocorrem com frequência.
- Inquietude e desconforto quando está indo para casa ou ao chegar.

Como purificar um ambiente

Antes de tudo, realizar uma limpeza geral no ambiente é essencial; eles podem acumular vibrações negativas. A limpeza física representa o ponto de partida para a purificação espiritual. Não implica necessariamente lavar tudo até o teto em cada sessão de purificação, mas, pelo menos, organizar os espaços, varrer, remover o pó dos objetos, garantindo um ambiente limpo e revitalizado.

O próprio ato de fazer uma limpeza física pode ser parte do seu ritual de limpeza energética.

Dicas para limpeza do ambiente:

- Acrescente algumas gotas de óleos essenciais com propriedades purificadoras na água do balde (ou use um desinfetante natural) e passe um pano no chão enquanto mentaliza a limpeza física e energética do ambiente.

- A música também vai elevar o astral do local, pois é capaz de alterar padrões energéticos e vibrações. Músicas clássicas e instrumentais suaves e alegres funcionam bem. Eu gosto muito de ouvir mantras, mas confesso que as músicas ciganas alegres me deixam mais animada.

- Ao varrer, visualize que sua vassoura está varrendo para fora também as impurezas astrais e energéticas do chão. Esse era um ritual de purificação muito utilizado pelos egípcios, após suas práticas mágicas e devocionais. Uma dica é usar vassoura de ervas.

Confeccionando uma Vassoura de Bruxa

Todos já ouviram falar das "Vassouras de Bruxa". Vou explicar aqui como eu as utilizo. Existem duas formas básicas, uma seria uma vassourinha que eu mergulho em um chá de ervas de limpeza e vou aspergindo no ambiente, enquanto entoo uma música ou frases de limpeza. E a outra é fazer uma vassoura com várias ervas de limpeza amarradas e literalmente varrer o chão e as paredes com ela.

Veja como é simples de fazer:

Vassoura de Aspersão

Material necessário

- 1 colher de sopa de alecrim
- 1 colher de sopa de sálvia-branca
- 1 litro de água
- 3 cravos
- Recipiente para pôr o chá que caiba a maioria das cerdas da vassoura
- Vassoura de palha de mão (pode ser feita com um cabo de madeira e ervas ou matinhos do quintal).

Coloque o alecrim, o cravo e a sálvia no recipiente e adicione 300 ml de água fervente. Abafe e espere amornar. Em seguida, adicione o restante da água. Segure com uma mão o recipiente e com a outra a vassoura, levante para o alto e diga:

Pelo poder do Sol e da Lua,
com as bênçãos do elemental do alecrim
do elemental da sálvia e do elemental do cravo,
depositem suas energias neste preparado,
para promover uma limpeza física e astral neste ambiente.
Eu vos agradeço! Abençoados Sejam!

Em silêncio e contemplação, entoe uma música ou acompanhe a que estiver tocando e vai passando as cerdas na água e aspergindo pelo chão e pelas paredes. Quando terminar, pode usar essa água para passar pano no chão.

Vassoura de Ervas

Material necessário

- 1 canela em pau
- 1 ramo de alecrim
- 1 ramo de arruda
- 1 ramo de sálvia
- 3 galhinhos de aroeira
- Barbante
- Cabo (opcional)

Separe as ervas que você vai utilizar. Ramos compridos e inteiros são melhores de amarrar. Se for usar um cabo, organize as ervas em volta dele. Organize os ramos de forma que fiquem mais ou menos na mesma posição, para que seja mais fácil de amarrá-los. Faça um nó simples, porém firme em uma das pontas, de forma que prenda bem os galhos. Enrole firmemente e depois os enrole em volta a partir da base com bastante firmeza. Termine dando três nós com a ponta do início. Segure a vassoura com as duas mãos, levante para o alto e diga:

Pelo poder do Sol e da Lua,
com as bênçãos do elemental do alecrim do
elemental da sálvia, do elemental da arruda,
do elemental da aroeira e do elemental da canela,
depositem suas energias nesta vassoura,
para promover uma limpeza física e astral neste ambiente.
Eu vos agradeço! Abençoados Sejam!

Passe a vassoura nas paredes e no chão no sentido anti-horário.

Purificando seu altar

Muitos dos apetrechos do nosso altar não podem ser lavados, tendo em vista que a maioria é personalizada, com fitas, adornos, etc. Então, a cada lua negra eu limpo e purifico meu altar, retirando tudo que está sobre a superfície dele, inclusive a toalha. Em seguida, eu passo um spray de limpeza, seco ele bem e coloco uma toalha limpa. Depois eu pego um a um os artefatos, com respeito, e deixe-os uns minutos para pegar sol, se possível. Caso preferir, pode deixar sob a energia da Lua por 30 minutos. Na sequência eu passo o spray sobre todas as peças. Com um pano seco, limpo a superfície e vou colocando os objetos no altar novamente. Para finalizar, eu acendo um incenso, para que o aroma equilibre as energias do ambiente.

Spray de Purificação

Material necessário

- 1 ramo de alecrim
- 300 ml de álcool 70°
- Cascas de 1 limão
- Folhas de alecrim, eucalipto e manjericão
- Gotas de óleo de eucalipto, ou alecrim, e lavanda
- Recipiente com spray

Coloque todos os ingredientes no frasco e complete com o álcool. Agite vigorosamente, deixe descansar por 10 minutos e agite novamente. Repita o mesmo procedimento seis vezes antes de usar. Não precisa retirar os ingredientes de dentro durante o uso.

Purificação pessoal

Como vimos, antes das nossas práticas mágicas, devemos nos purificar, pois todos carregamos energias das mais variadas espécies e não queremos que elas atrapalhem nossos objetivos mágicos, não é mesmo?

Assim como tudo, nossa limpeza tem que começar fisicamente. Eu, particularmente, sou a favor das purificações através de banhos de ervas, então trouxe uma receita que eu gosto muito.

Banho para purificação

Material necessário

- 2 litros de água
- 3 colheres de folhinhas de alecrim
- 3 colheres de folhinhas de manjericão
- 3 folhinhas de boldo
- Incenso de sândalo
- Um punhadinho de arruda

Coloque os ingredientes em uma bacia, adicione água fervente e cubra com um pano limpo e seco. Deixe por 15 minutos ou espere amornar. Acenda o incenso no banheiro. Tome seu banho higiênico com uma música suave e agradável de fundo, sem pressa. Despeje a água morna da infusão do pescoço para baixo. Caso não tenha problema para você, pode banhar-se do alto da cabeça. Visualize-se protegido e purificado, com as energias renovadas. Descarte as ervas na natureza.

Consagrando um objeto mágico

A consagração é o momento em que estamos tornando sagrado um objeto, sendo assim, ele não será mais um objeto qualquer, ele terá sua finalidade sagrada determinada. Dependendo de sua finalidade ele será consagrado de uma forma específica. Veja um exemplo genérico que serve de base para qualquer consagração.

Material necessário
- 3 velas brancas
- objeto (neste exemplo será um cálice)

Acenda as três velas em formato de triângulo de forma que o objeto caiba dentro. Se for dedicar seu instrumento a uma Divindade específica, acenda uma vela ao lado do triângulo na cor da Deusa ou do Deus escolhido. Antes de acender as três velas da consagração, converse com a Divindade e explique com suas palavras a sua intenção.

Erga suas mãos sobre o triângulo, fale o nome nome do objeto ou o nome que vai atribuir a ele (por exemplo, cálice) e em seguida diga as seguintes palavras:

Eu sou .... (diga seu nome)
Peço que desperte suas propriedades,
Acorde .... (nome do que vai despertar) – repita três vezes.

Peço sua ajuda para que ....
(explique a finalidade da sua intenção com esse objeto).

Sinta seu objeto em suas mãos, concentre-se e diga em voz alta:

Consagro-te .... (diga o nome)
para que .... (diga a finalidade),
Seja meu companheiro em minha jornada.
Que assim seja e assim se faça!

Pegue o objeto e beije-o, selando sua consagração. Em seguida, devolva-o novamente no triângulo.

Visualize que as energias das velas criam uma espiral que desce até o objeto, criando um vórtice canalizando todas as energias da natureza para ele.

Caso você for consagrar vários objetos, faça um de cada vez, usando as mesmas três velas. Quando terminar, agradeça, apague as velas e use-as sempre que for consagrar algo.

Como consagrar seu altar

A consagração, diferente da limpeza e da purificação, é feita apenas uma vez, a não ser que você mude a finalidade previamente consagrada. Seu altar será consagrado de acordo com essa finalidade. Por exemplo, se for um altar devocional a uma Divindade, ele terá sua consagração direcionada para aquela força.

Veja um modelo de consagração básica a seguir, lembrando de que antes de consagrar o altar ele deve estar devidamente purificado.

Material necessário

- 1 copo com água (de chuva, mineral ou filtrada), representando o elemento Água.
- 1 incenso aceso (qual preferir), representando o elemento Ar.
- 1 pires com terra, areia ou sal, representando o elemento Terra.
- 1 vela acesa, representando o elemento Fogo.
- Representação da Deusa ou do Deus, ou dos dois, dependendo da finalidade do seu altar (eu trabalho com a Deusa Hekate, então meu altar é dedicado apenas a ela).

Com seu altar arrumado, seus objetos devidamente purificados e consagrados, pegue o pires com a representação da Terra, passe em volta do altar 3 x no sentido horário, dizendo:

1ª volta:
Elemental da Terra se faça presente!
Que este altar seja um portal de conexão com a Terra.

2ª volta:
Que neste espaço eu possa acessar teus mistérios.
Que a partir de hoje ele represente minha conexão
com os elementais da Terra.

3ª volta:
Peço suas bênçãos para minha jornada.
Estejam presentes em minha caminhada.

Coloque o pires no altar e pegue o incenso. Agora passe a fumaça novamente 3 x em volta do altar, representando o Ar.

1ª volta:
Elemental do Ar se faça presente.
Que este altar seja um portal de conexão com o Ar.

2ª volta:
Que neste espaço eu possa acessar teus mistérios.
Que a partir de hoje ele represente minha conexão
com os elementais do Ar.

3ª volta:
Peço sua bênção para minha jornada.
Estejam presentes em minha caminhada.

Coloque o incenso no altar e pegue a vela, passe novamente 3 vezes em volta do altar, representando o Fogo.

1ª Volta:
Elemental do Fogo se faça presente!
Que este altar seja um portal de conexão com o Fogo.

2ª Volta:
Que neste espaço eu possa acessar teus mistérios.
Que a partir de hoje ele represente minha conexão
com os elementais do Fogo.

3ª Volta:
Peço sua bênção para minha jornada.
Estejam presentes em minha caminhada!

Coloque a vela no altar e pegue o copo com água e vá aspergindo com a ponta dos dedos em volta do altar, para representar a Água.

1ª Volta:
Elemental da Água se faça presente!
Que este altar seja um portal de conexão com a Água.

2ª Volta:
Que neste espaço eu possa acessar teus mistérios.
Que a partir de hoje ele represente a minha conexão
com os elementais da Água.

3ª Volta:
Peço sua bênção para minha jornada.
Esteja presente em minha caminhada.

Coloque o cálice no altar. Erga suas mãos acima do altar e diga:

Ancestralidade, Forças universais, estejam presentes em minha vida.
Que este altar seja um portal de conexão com as energias da
natureza, com os Deuses e com a espiritualidade.
Abençoando meu lar e minha vida.
Assim Seja!

Deixe a vela queimar até o fim e depois descarte os restos.

CAPÍTULO 3

As Energias da Natureza

As ENERGIAS DA NATUREZA possuem polaridades positiva e negativa, muitas vezes associadas à personificação da Deusa e do Deus, que representam os aspectos femininos e masculinos da Criação.

Nem as Bruxas veneram as Divindades dessa forma, então podemos nomeá-las como energias ativas e passivas e até mesmo como yin e yang.

De fato, todos os objetos possuem energia. Estamos conectados e vivendo em harmonia e energeticamente com a natureza, celebramos as mudanças das estações, assim como as fases da Lua. Cada modificação na natureza possui uma emanação específica de energia. Nós aproveitamos essa energia e a moldamos para nos auxiliarem.

Assim como a natureza nos ajuda doando sua energia, em troca, auxiliamos a natureza mantendo seu equilíbrio e a protegendo.

Cada planta possui um tipo de energia específica, quando as colhemos, pedimos que o elemental daquela planta nos conceda autorização para trabalharmos com ela. Podemos e devemos nos conectar com todas essas energias que nos rodeia e nos nutre.

Existem várias formas de manter esta conexão. Veja a seguir um exemplo de como experimentar essa interação através da meditação.

Meditação de Conexão com a Natureza

Buscar conexão com a natureza é como sermos UM com ela. Algumas práticas, como a meditação, por exemplo, deixam-nos perceptíveis às sensações e às presenças que normalmente não percebemos. Para esta prática vamos utilizar músicas com sons da natureza. Escolha uma música calma, relaxante e que tenha elementos naturais como sons ambientes, sons de animais, etc.

Ao som da música, sente-se ou deite em uma posição confortável, feche seus olhos e apenas observe os sons...

Deixe sua mente fluir, imagine a cena do que você está ouvindo, não reprima nada, simplesmente sinta.

Observe o ambiente, está dia ou de noite? Chove ou o céu está limpo? Perceba-se em meio à natureza. Onde você está apoiado, na grama? Na areia? Nas pedras?

Você está em um lugar particular, em sua natureza interior, todos os animais aqui são familiares, eles podem ser ferozes, mas não lhe farão mal. Perceba os cheiros. Você está andando ou parado?

Explore sua natureza interna...

Permaneça assim o tempo que achar necessário. Quando sentir que já é suficiente, retorne ao corpo, mexa seus dedos, abra os olhos e anote todas as suas experiências.

A energia do Sol

O Sol é o corpo físico da energia primária ativa que nos rege e nos abençoa, representando a coragem, o pensamento lógico, fertilidade, saúde e alegria. Da mesma forma que o sol nasce e se põe todos os dias, ele nos mostra os mistérios da morte e do renascimento.

É o astro que nos aquece e provê o calor que o solo e toda a natureza precisa para que a vida seja fecunda e próspera.

Alguns Deuses que trabalham com as energias solares são:

- **Rá:** Deus Egípcio do Sol.
- **Helios:** personificação do Sol na Mitologia Grega.

- **Sól ou Sigel:** Deusa do Sol na Mitologia Nórdica.
- **Apolo:** Deus da música, da poesia, da adivinhação (oráculos) e do Sol na Mitologia Romana.

Conexão com o Sol

É muito importante a conexão com toda a natureza, muitos praticantes buscam conexão apenas com a Lua e se esquecem do Sol. A seguir, veja uma dica que vai auxiliar a sua conexão com o Sol.

Encontre um local confortável onde o sol possa tocar seu corpo, mas que não seja em um horário que ele esteja excessivamente quente. Preferencialmente sem roupa ou com roupa de banho.

Sente-se ou deite-se, fique em uma posição confortável, feche os olhos e sinta o sol, deixe que os átomos solares banhem seu corpo, que regenere suas células, que passe a vitalidade e a energia solar para você. Fique tempo suficiente até sentir o corpo quente, mas não precisa torrar no sol, apenas sinta o calor no seu corpo. Você pode dançar, pular, sentir o calor abraçar seu corpo e as energias divinas preencherem seu Ser. Você pode chamar por uma Divindade específica, conversar com ela, ter um momento particular com as energias maravilhosas do Sol.

Feitiço de cura e renovação solar

Material necessário
- 1 bacia (de preferência de metal)
- 1 cristal de quartzo-verde
- 1 pires ou algo para prender a vela
- 2 litros de água
- Incenso de sândalo
- Papel com seu pedido de saúde
- Pétalas de rosas amarelas
- Pétalas de rosas brancas
- Vela amarela

Em um dia que tenha luz solar, de preferência ao meio-dia, fixe a vela no pires e segura o papel que está seu pedido. Coloque a água na bacia e deixe-a receber luz solar. Coloque uma música alegre. Acenda o incenso e passe a fumaça por todos os itens que serão usados. Acenda a vela dizendo:

Chama maravilhosa do Sol,
peço-te com minha alma e coração,
avivai meus fogos sagrados
para que a cura em mim desperte.
Assim Seja!

Coloque o cristal no meio da bacia, submerso em água e diga:

Quartzo-verde,
peço-te com minha alma e coração,
Distribua suas energias
vitais e curativas nesta água.
Assim Seja!

Distribua as pétalas sobre a água e diga:

Elementais da rosa,
peço-te com minha alma e coração,
despertem as energias destas pétalas,
Depositem suas energias
vitais e curativas nesta água.
Assim Seja!

Pegue o papel e queime na chama da vela enquanto conversa com o sol, pedindo a transmutação e a cura. Peça que suas células possam ser regeneradas.

Deixe a vela queimar até o fim ao lado da bacia. Quando ela apagar, retire o quartzo e use esta água para um banho de cura. Leve o quartzo sempre com você.

Poção da água solar

Usada para chás, banhos e até para comida, esta água carrega as energias poderosas do Sol. Esta poção pode ser utilizada para auxiliar em um processo de cura energética, promover mais energia, coragem e força.

Material necessário

- 1 cristal citrino
- 1 garrafa ou copo de vidro
- 1 vela dourada, amarela ou laranja
- Água
- Incenso de mirra

Em um dia com luz solar, acenda o incenso e passe por todos os materiais. Acenda a vela pedindo ao Divino Sol que consagre esta água, fixando suas energias nela. Coloque a garrafa com a água nas mãos e eleve ao Sol, converse com ele e diga com suas palavras o objetivo com esta água. Peça que seja concedido um pouco de seu poder para energizá-la. Coloque o citrino previamente bem lavado na boca da garrafa e diga:

Elemental do citrino,
peço-te com minha alma e coração,
distribua nesta água suas energias
solares, vitais e curativas.
Assim Seja!

Passe a fumaça do incenso em volta do recipiente com água e converse com o Sol, explicando a finalidade desta água. Retire o citrino (ele é sensível ao sol e pode desbotar), tampe com um pano limpo. Deixe a vela queimar toda e está pronto.

Amuleto solar da prosperidade

Material necessário

- 1 pirita pequena em pedra ou em pó
- 3 cravos pequenos ou em pó
- 3 folhas de louro
- Café em pó
- Canela em pó
- Gengibre em pó
- Glitter dourado
- Incenso de cravo
- Papel e caneta
- Pilão ou algo semelhante
- Pires para a vela
- Vela dourada, amarela ou laranja
- Vidrinho para armazenar o pó

Em um domingo, ao meio-dia, acenda a vela chamando as energias do sol, pedindo que a prosperidade e a abundância estejam presentes. Anote no papel seu nome completo e sua data de nascimento, atrás da folha, escreva tudo o que deseja atrair, um emprego, prosperidade financeira, abundância, fartura, etc.

Acenda o incenso, coloque a fumaça pelo papel enquanto dobra com convicção e fé, coloque a fumaça dentro do vidrinho. Coloque o papel dobradinho dentro do vidro e um pouco mais de fumaça dentro dele, tampe e reserve.

No pilão, acrescente todos os outros ingredientes, exceto o glitter. Enquanto estiver amassando e misturando tudo, vai visualizando que seu desejo já é realizado. Imagine com o maior número de detalhes possível: visualize o seu primeiro salário na conta, veja seus armários cheios de comida, etc. Quando tudo estiver homogêneo, coloque o glitter e misture com os dedos. Levante o pote e peça que o Sol abençoe seu pó mágico e diga:

*Eu clamo pelo elemental do cravo,
da canela, do louro, do gengibre, da pirita e do café.
Peço-te com minha alma e coração,
que despertem suas energias em minha mistura,
trazendo a prosperidade que eu preciso para minha vida.
Assim Seja!*

Despeje o pó dentro do vidrinho, tampe e sele com a cera da vela para ficar bem vedado. Guarde seu amuleto na cozinha, junto aos potes de mantimentos na despensa. O que sobrou do pó, jogue pelos cômodos da casa.

A Energia da Lua

A Lua rege e influencia nossa vida muito mais do que imaginamos. Cada fase lunar tem sua ação, como Bruxas naturais, aproveitamos para canalizar suas energias ao nosso favor, auxiliando em nossa qualidade de vida.

Sabemos que a Lua tem íntima relação com as marés, com nossa mente e com nossa intuição. Por isso temos que compreender os ciclos lunares e sua influência em nossa jornada mágica.

Alguns Deuses que trabalham com as energias lunares:

- **Lá, Khonsu e Thoth:** Divindades Egípcia ligadas à Lua.
- **Ártemis:** Deusa da caça, da vida selvagem e da luz suave na Mitologia Grega.
- **Máni:** Deus da Lua na Mitologia Nórdica.
- **Diana:** Deusa da Lua, da caça e da castidade na Mitologia Romana.

Conexão com a Lua

Durante a noite, encontre um local confortável onde seja possível ver a Lua, preferencialmente com roupa branca.

Coloque uma música suave e mística e contemple a Lua. Sente-se ou deite-se confortavelmente. Feche os olhos e sinta as energias da

Lua. Deixe que os átomos lunares banhem seu corpo, magnetize suas células, sinta sua conexão com a Lua.

Quando sentir sua mente mais calma e serena, faça uma prece ou converse com a Lua, diga seus medos e vontades. Depois anote tudo em seu Diário Mágico e repita sempre que quiser.

Poção da água lunar

Usada para chás, banhos e até comida, esta poção carrega as energias poderosas da lua.

Material necessário

- 1 pedra da lua ou quartzo-transparente
- 1 vela prateada, cinza ou branca
- Água
- Garrafa ou copo de vidro
- Incenso de lótus

Em uma noite de Lua cheia, sob o luar, acenda o incenso e passe por todos os materiais. Acenda a vela pedindo à lua que consagre esta água, peça sua ajuda para fixar sua energia nela. Coloque a garrafa com a água nas mãos e eleve à lua, converse com ela e diga com suas palavras qual a finalidade desta água e peça para que a abençoe e conceda um pouco de seu poder para energizá-la. Coloque o cristal previamente bem lavado na boca da garrafa e diga:

Elemental deste cristal,
peço-te com minha alma e coração,
distribua nesta água suas energias lunares,
poderosas e místicas.
Assim Seja!

Passe a fumaça do incenso em volta do recipiente com água e converse com a Lua, explicando a finalidade desta água. Tampe com um pano limpo. Deixe a vela queimar toda e está pronto.

Feitiço para despertar intuição com a Lua

Material necessário

- 1 pingente de ametista
- 1 colher de chá de artemísia para a mistura
- 1 colher de chá de artemísia para o chá
- 1 colher de chá de camomila
- 1 colher de folhas secas de hortelã
- 1 colher de sopa de amido de milho
- 1 vela roxa
- Poção da água lunar
- Cálice ou copo para o chá
- Canela em pó
- Gengibre em pó
- Glitter prata
- Incenso de rosas brancas
- Incenso de violeta
- Pilão ou algo semelhante
- Pires para a vela
- Vidrinho para armazenar o pó

Em uma noite que a Lua for vista no céu, coloque uma música inspiradora. Faça um chá com a artemísia e a poção da água lunar, adoce a gosto. Em seguida, acenda a vela chamando as energias da Lua. Peça para que suas energias penetrem em sua mente abrindo sua intuição. Acenda os incensos, passe a fumaça pelos materiais e por dentro do vidrinho. No pilão, acrescente a artemísia restante, hortelã, gengibre, canela, camomila e o amido. Triture o máximo que puder. Enquanto amassa e mistura vai visualizando que as energias da Lua estão penetrando em seu preparado. Quando tudo estiver homogêneo, coloque o glitter e misture com os dedos. Levante o pote e peça que a Lua abençoe a mistura, depois diga:

*Clamo pelo elemental da artemísia,
canela, camomila, gengibre e hortelã.
Peço-te com minha alma e coração,
despertem suas energias em minha mistura,
aflorando a minha intuição, clareando minha mente.
Assim Seja!*

Despeje dentro do vidrinho e tampe. Espere a vela queimar, a ametista pode ser usada normalmente. Quando for utilizar um oráculo ou precisar de um "up" na intuição, use o pó do vidrinho com o dedo indicador no meio da testa ou uma pitada nas mãos.

CAPÍTULO 4

Conexão com os Elementos

Os Cinco elementos são a base da Bruxaria Natural. Nós os encontramos na essência de todas as energias que nos rodeiam. Devemos interagir com as manifestações destes cinco poderes para fazer a magia acontecer.

Essenciais para nossa vida, nada poderia crescer no plano Físico, Mental, Sentimental e Espiritual sem esses cinco elementos: Terra, Ar, Fogo, Água e Éter.

Além de serem encontrados do lado de fora (natureza), esses elementos também estão representados dentro de nós: o elemento Terra é o nosso corpo, representado por nossa pele, ossos e estrutura corporal. O Fogo é o coração, é o calor que emana do nosso corpo. A Água é o suor, o sangue, a saliva e está em 70% do nosso corpo. O AR está na nossa respiração e nos nossos pensamentos. E o Éter, ou Espírito, é representado pelo nosso sistema nervoso.

Magicamente, os elementos podem ser representados:

- **Terra:** cristais, pedras, ervas e frutas.
- **Fogo:** vulcões, o sol, velas.
- **Água:** mar, rios, conchas, saliva, sangue.
- **Ar:** fumaça, incensos, defumações, fumos, ventos.
- **Éter:** vida.

Correspondências do Fogo

Direção: Sul

Vento Sul: Notus

Energia: projetiva, masculina

Cores: vermelho, amarelo, laranja, dourado

Fase da vida: juventude

Formas rituais: abrasar, passar na fumaça, derreter um objeto, queimar ervas, usar velas ou pequenas fogueiras

Natureza básica: purificante, destruidora, limpadora, energética, sexual, forte

Tipos de magia: magias que trabalham com sua natureza básica, com velas e também com magias climáticas e tempestades.

Tempo: meio-dia

Estação: verão

Ferramentas: bastão, lamparina ou velas, ervas ou papéis queimados.

Espíritos: salamandras, dragões do fogo, consciência das chamas

Rei: Djinn

Sentido: visão

Pedras e joias: opala de fogo, jasper, pedras vulcânicas, cristais de quartzo, rubi, rodocrosita, ágata

Metais: ouro e latão

Incensos: olíbano, canela e junípero

Plantas e árvores: alecrim, açafrão, alho, angélica, basílico, baunilha, canela, cebola, coentro, cravo, espinheiro, girassol, junípero, louro, noz, pimentas e urtiga

Animais: leões, raposas, tigres, pumas, onças, dragões e a fênix.

Deusas: Brigit, Freya, Fuchi, Oya, Sekhmet, Vesta, Pele, Héstia e Wadjet

Deuses: Agni, Hórus, Hefesto, Vulcano, Prometeu e Loki

Equilíbrio e Desequilíbrio do Fogo

A área de correspondência do Fogo em nosso corpo é a região que contempla nosso coração, ou seja, as emoções estão ligadas a esse elemento. Quando estamos em DESEQUILÍBRIO, tendemos à ansiedade, à agitação e à euforia. Somos inclinados a fazer tudo ao mesmo tempo e vivemos constantemente no futuro, tornando-nos incapazes de relaxar. Falamos muito, e em alto volume, além de não conseguirmos parar o corpo e a mente. O desequilíbrio emocional durante um longo período de tempo afeta diretamente o coração, podendo atingir fisicamente este órgão.

Quando em EQUILÍBRIO, o Fogo nos confere uma personalidade calorosa, cativante, com entusiasmo, sem ansiedade, dinamismo, força de vontade, independência e comportamentos leais.

Encantamento para despertar uma virtude do Fogo

Acenda uma vela e repita as frases a seguir até perderem seu sentido e sua mente repeti-las de maneira natural e automática:

Eu sou força de vontade. Eu sou verdade. Eu sou coragem
Eu sou .... (virtude escolhida)
O fogo me liberta.

Feitiço de Limpeza com o Fogo

Material necessário

- Folhas de papel
- Incenso
- Lápis
- Madeira para a fogueira (se você estiver em local seguro e tiver habilidade para acendê-la) ou outro material que o fogo persista por algum tempo, como carvão por exemplo – se não for possível, use a vela.
- Pedra de turmalina
- Vela

A melhor Lua para realizar este ritual é a nova. Com lápis, escreva um texto respondendo às seguintes perguntas:

- Pelo que você é grato?
- O que você quer deixar ir do seu passado?
- O que precisa para ser uma pessoa melhor?
- O que é preciso para ter boa saúde?
- O que é necessário para atingir seus objetivos?
- O que deseja definir para seu futuro?

Contemple as perguntas refletindo cada uma. Acenda a fogueira ou a vela mantendo em mente seu texto e suas respostas. Observe a chama até perceber que em sua mente só existe o fogo. Acenda o incenso escolhido (sugestão: mirra, flor de laranjeira, lavanda ou arruda são ótimas escolhas).

Segure a pedra de turmalina, sinta as energias de proteção e visualize o fogo banindo as energias negativas.

Agora que você está conectado com as energias do elemento Fogo, queime os papéis na chama. Deixe o fogo queimar tudo o que não precisa mais e levar seus pedidos para serem atendidos de acordo com a vontade do Astral e do Universo.

Correspondências da Água

Direção: Oeste

Vento Oeste: Zéfiro

Energia: receptiva, feminina

Cores: azul, verde, azul-esverdeado, cinza, índigo, roxo, preto

Fase da vida: maturidade

Formas rituais: diluir, colocar na água, lavar ou se banhar

Natureza básica: purificante, fluente, curadora, suave, amorosa, movimento

Tipos de magia: magias que trabalham com sua natureza básica e com o mar, gelo, neve, neblina, espelho, ímã, chuva

Tempo: anoitecer

Estação: outono – o tempo da colheita, quando a chuva lava a terra

Ferramentas: cálice, conchas, caldeirão, espelho, mar

Espíritos: ondinas, ninfas, sereias, fadas dos lagos

Rei: Niksa

Sentido: paladar

Pedras e joias: água-marinha, ametista, turmalina-azul, pérola, coral, topázio-azul, fluorita-azul, lápis-lazúli, sodalita

Metais: mercúrio e prata

Incensos: mirra, camomila e sândalo

Plantas e árvores: camomila, freixo, hera, laranja, maçã, mirra, murta, rosa, valeriana, alga e gardênia

Animais: pode ser representado por qualquer animal que viva na água, incluindo golfinhos, baleias, peixes, cavalos-marinhos, lulas, estrelas do mar, caranguejos, lontras e focas, cobras, serpentes marinhas.

Deusas: Afrodite, Doris, Ísis, Anuket, Brigantia, Tiamat, Nerthus e Yemanjá.

Deuses: Aegir, Dylan, Osíris, Netuno e Poseidon

Equilíbrio e Desequilíbrio da Água

Quando em DESEQUILÍBRIO, desestabiliza a intuição e promove o apego exagerado às coisas físicas, levando a desacreditar na espiritualidade e na falta de fé, além de promover a falta de solidariedade e o egoísmo. O desequilíbrio por excesso deixa as pessoas com inconstância dos sentimentos, briguentas e choronas, além de muitos sentimentos contraditórios.

Quando em EQUILÍBRIO com as energias da Água, atingimos o desapego, temos fé, paciência e temperança. Temos constância de sentimentos, sabemos o que queremos e o que não queremos, além de desenvolver a empatia e a solidariedade.

Encantamento para despertar uma virtude da Água

Acenda uma vela e repita as frases a seguir até perderem seu sentido e sua mente repeti-la de maneira natural e automática:

Eu sou Equilíbrio. Eu sou permanência. Eu sou paciência.
Eu sou .... (virtude escolhida).
A água me liberta.

Feitiço para se libertar de mágoas

Material necessário

- 1 caneta
- 1 cristal de sua preferência
- 1 tigela com água
- Corante azul (opcional)
- Folha de papel

Durante a Lua minguante, coloque a tigela com água à sua frente. Se for usar o corante, pingue algumas gotas até que a água fique azul. Segure o cristal perto de seu coração, vire-se para o Oeste e diga:

Eu me permito chorar, pois honro as minhas lágrimas...
permito que meu fluxo emocional, minhas mágoas,
dores e ressentimentos sejam libertados.
Eu vos liberto da minha vida.
A dor permaneceu por muito tempo,
foi difícil esquecer, mas me permito ser curada.
Minhas cicatrizes são meus aprendizados,
a lição foi aprendida e agora estou pronta para perdoar.
Estou pronta para deixar ir. Pronta para me libertar.
Pronta para me purificar.

Escreva no papel as mágoas das quais você está se libertando e os nomes de quem deseja perdoar. Coloque o papel na água, segurando-o, lembre-se de que suas dores moldaram quem você é, mas não fazem parte do seu ser. Observe o papel sendo absorvido pela água azul.

Segure seu cristal próximo ao coração e permita que o papel dissolva também suas mágoas pela água. Diga:

Eu me amo, eu me perdoo e perdoo quem me fez mal.
Eu agora SOU LIVRE!
Está feito. Assim é!

Conecte-se ao seu cristal sempre que se lembrar da situação vivida, para trazer de volta a força da sua libertação.

Correspondências do Ar

Direção: Leste

Vento Leste: Euro

Energia: projetiva, masculina

Cores: branco, amarelo-claro, azul-claro, tons pastéis

Fase da vida: infância

Formas rituais: sacudir objetos ao ar ou pendurá-los ao vento, suspender ferramentas em lugares altos, soprar objetos leves enquanto visualiza energias positivas, deixar que o vento carregue folhas, flores, ervas ou papel picado

Natureza básica: movimentação, flutuação, inteligência e propagação do som

Tipos de magia: magias que trabalham com sua natureza básica, adivinhação, concentração, visualização, profecia, magia do vento, carma e velocidade

Tempo: nascer do sol

Estação: primavera – o tempo do frescor

Ferramentas: incensário, athame, espada, visualização criativa

Espíritos: silfos, sílfides elfos e fadas

Rei: Paralda

Sentido: olfato e audição

Pedras e joias: topázio, pedras claras e transparentes, cristais, ametista, alexandrita, pedras azuis e amarelas

Metais: cobre

Incensos: sândalo, benjoim, lavanda, violeta

Plantas e árvores: anis, avelã, benjoim, cominho, eucalipto, hortelã, manjerona, noz-moscada, sabugueiro, salsa, sândalo, visco, verbena, violeta, lavanda, alfazema

Animais: pássaros, especialmente águias, falcões e o mitológico Pégaso

Deusas: Aradia, Arianrhod, Cardea, Nut, Urânia e Oya

Deuses: Amon, Njord, Enlil, Khephera, Mercúrio, Shu e Thoth

Equilíbrio e Desequilíbrio do Ar

Por ser um elemento que atua diretamente na mente, seu DESEQUILÍBRIO ocasiona dificuldade de refletir, de se habituar com mudanças e ideias. A pessoa se sente perdida e a mente fica muito acelerada, podendo ocasionar reações comportamentais.

Quando em EQUILÍBRIO, traz boas ideias e facilita colocá-las em prática, aumenta concentração, facilita o raciocínio, a boa memória, a clareza de pensamentos e o equilíbrio mental.

Encantamento para despertar uma virtude do Ar

Acenda uma vela e repita as frases a seguir até perderem seu sentido e sua mente repeti-las de maneira natural e automática:

Eu sou serenidade. Eu sou tranquilidade. Eu sou silêncio.
Eu sou .... (virtude escolhida).
O Ar me liberta!

Poção para concentração

Material necessário

- Álcool 70º
- Artemísia
- Lavanda
- Alecrim
- Hortelã
- Um frasco bem bonito

Coloque partes iguais das ervas no frasco e complete com álcool. Agite bem, segure o frasco com as duas mãos e diga:

> *Esta magia sagrada, álcool em sua alquimia,*
> *retire as propriedades dadas destas ervas amigas,*
> *para que minha mente possa equilibrar,*
> *e a concentração alcançar.*

Agite bem durante três dias, perceba que a coloração do álcool vai ficar mais verde e escurecida. Coe depois do tempo estipulado e use como um spray no ambiente quando precisar se concentrar ou no quarto, para ter uma boa noite de sono.

Ritual de Liberação de Crenças limitantes

As crenças limitantes são ideias arraigadas que, de alguma forma, restringem ou prejudicam nossa visão de mundo, nosso potencial ou nossas possibilidades. São como filtros através dos quais interpretamos e interagimos com a realidade, muitas vezes moldando nossas ações, escolhas e expectativas.

Essas crenças podem se enraizar profundamente em nossa psique, frequentemente originando-se de experiências passadas, educação, cultura, traumas ou influências sociais. Elas podem se manifestar de várias maneiras e afetar diferentes áreas da vida, como relacionamentos, carreira, saúde mental e sucesso pessoal.

As crenças limitantes tendem a se apresentar como afirmações negativas sobre nós mesmas, os outros ou o mundo ao nosso redor. Por exemplo, frases como "não sou boa o suficiente", "nunca conseguirei realizar isso", "o mundo é um lugar perigoso", "uma mulher não consegue criar seus filhos sem um marido", "somente Bruxas nascidas em lares Bruxos podem exercer sua arte" são exemplos típicos de crenças limitantes.

O perigo dessas crenças está no fato de que elas podem se tornar profecias autorrealizáveis. Quando acreditamos firmemente nelas, temos a tendência a agir de maneira que confirma sua veracidade, limitando nosso crescimento, minando a autoconfiança e restringindo nossas oportunidades.

No entanto, é importante reconhecer que essas crenças não são verdades inabaláveis; são construções mentais que podemos desafiar e modificar. Ao identificar e questionar essas crenças, podemos iniciar um processo de mudança pessoal e crescimento. Isso envolve olhar para as evidências que as contradizem, reavaliar nossas experiências passadas e desafiar a validade dessas crenças em nossa vida.

Superar crenças limitantes requer autoconsciência, autocompaixão e prática constante de pensamentos e comportamentos mais positivos e construtivos. Práticas como a meditação e a visualização podem ser ferramentas poderosas para desmantelar essas crenças e promover uma mentalidade mais capacitadora.

Ao desafiarmos e substituirmos gradualmente essas crenças limitantes por pensamentos mais positivos, abrimos espaço para o crescimento pessoal, a autoaceitação e a realização de nosso verdadeiro potencial.

Para se libertar destas crenças sugiro este ritual:

Em uma noite de Lua minguante ou nova tire um momento para você, desligue-se do mundo, sente-se calmamente e anote tudo acerca de suas crenças limitantes, rótulos que não lhe cabem, mas que a vida insistiu em fazer com que você acreditasse fielmente neles.

Leia em voz alta e ao mesmo tempo perceba que o que você diz não lhe pertence mais. Pegue uma tesoura ou com as mãos mesmo pique todo esse papel. Coloque em um recipiente ou num saquinho, enquanto faz isso, perceba que assim como você corta o papel, aquelas ideias são destruídas e não fazem mais parte de você.

Quando o papel estiver bem picadinho, vá para sua janela, terraço, ou até mesmo um jardim e leve as crenças que não lhe pertencem mais. Espere o vento soprar e jogue para o ar levar embora o que não lhe pertence mais.

Correspondências da Terra

Direção: Norte

Vento Norte: Bóreas

Energia: receptiva, feminina

Cores: negro, marrom, verde

Fase da vida: velhice

Formas rituais: enterrar, plantar, fazer imagens de argila ou areia, andar na natureza enquanto visualiza o que deseja

Natureza básica: fertilidade, unidade, estabilidade. A gravidade é a manifestação deste elemento

Tipos de magia: aquelas que trabalham com sua natureza básica, cultivo, atração, estabilidade, nó e amarração (não estamos falando de amarração amorosa)

Tempo: meia-noite

Estação: inverno

Ferramentas: pentáculo, pentagrama, pedras, sal, terra, gemas, árvores e cordas

Espíritos: gnomos e duendes, os que habitam o interior da terra e a consciência das gemas

Rei: Ghob

Sentido: tato

Pedras e joias: cristal de rocha, pedras verdes como a esmeralda e o peridoto, ônix, jaspe, azurita, ametista, turmalina, quartzo-rutilado

Metais: ferro e chumbo

Incensos: estoraque e benjoim

Plantas e árvores: cipreste, jasmim, mandrágora, patchouli, salgueiro, samambaia e raízes

Animais: representado por grandes moradores da floresta, como lobos, javalis e ursos, mas também por grandes animais de casco, como veados, búfalos, vacas, alces e cavalos

Deusas: Ceres, Deméter, Frigga, Gaia, Hekate, Néftis, Perséfone, Rhea, Rhiannon, Prithvi e Deméter

Deuses: Adônis, Athos, Arawn, Cernunnos, Geb, Dionísio, Marduk, Pan, Tammuz

Equilíbrio e Desequilíbrio da Terra

A terra tem suas energias baseadas na fixação e na permanência. Em DESEQUILÍBRIO, faz com que as pessoas se sintam desligadas do mundo, sem o senso da realidade, causando sintomas como desrealização ou despersonalização, como se não tivesse nenhum lugar para ficar e não pertencesse a lugar nenhum. Em alguns casos, a pessoa pode ignorar a vida física no mundo material ou até mesmo gastar mais do que ganha.

Em EQUILÍBRIO, reforça o nosso senso de realidade e nos proporciona vitalidade, assim como a valorização do trabalho e dos bens materiais. Com Terra equilibrada, temos a certeza de onde estamos e do que estamos fazendo e ainda a visão do que fazer para ter uma vida em abundância e não ficar com a cabeça no mundo da lua. É o equilíbrio entre a vida material e a espiritual.

Encantamento para despertar uma virtude da Terra

Acenda uma vela e repita as frases a seguir até perderem seu sentido e sua mente repeti-las de maneira natural e automática:

Eu sou estabilidade.
Eu sou Prosperidade.
Eu sou Eterna.
Eu sou .... (virtude escolhida).
E a Terra me liberta.

Feitiço para melhorar no trabalho

Esta magia vai ajudar a ver como as coisas realmente são e a ter um ponto de vista melhor de como se posicionar no mercado de trabalho.

Material necessário
- 1 cristal de citrino
- 1 folha de louro
- 1 maçã
- 1 vela verde
- 3 moedas cor de cobre
- 3 moedas cor de prata
- 3 moedas douradas
- Incenso de mirra
- Papel e caneta
- Pires para vela

Em um domingo ao meio-dia, escreva no papel o que você precisa. Seja ajuda no trabalho atual, seja uma colocação melhor no mercado de trabalho, seja um emprego novo.

Acenda a vela dizendo:

Elementais da Natureza. Gnomos da Terra.
Ouçam o meu chamado e se façam presentes,
pois sou .... (diga seu nome)
e gostaria de sua ajuda.

Pegue o papel e leia em voz alta conversando com os gnomos, coloque uma folha de louro sobre o papel e dobre como se fosse uma carta bem dobradinha. Diga:

Entrego meu pedido para vocês meus amigos,
ajudem-me, por favor.

Queime o papel na chama da vela. Coloque as moedas no pires arrumadas em volta do pé da vela intercalando as cores. Pegue a maçã e diga que é para agradecer sua visita. Despeça-se dos gnomos. Quando a vela terminar de queimar, pegue uma moeda de cada cor e guarde na carteira. O restante da vela com as outras moedas enterre no seu quintal ou em um jardim, coloque a maçã sobre o local agradecendo mais uma vez.

Meditando com os cinco elementos

Esta meditação ajuda na conexão com os cinco elementos: Terra, Ar, Fogo, Água e Éter. Deve ser feita de modo que você fique relaxada, mas ainda assim conectada de alguma forma com a terra, então pode ser feita sentada ou deitada. Se estiver sentada, cruze as pernas, se estiver em uma cadeira, apoie os pés no chão e as mãos sobre as coxas.

Para uma melhor fluidez das energias, é melhor que a sua coluna fique ereta, mas se essa posição for incômoda, deite-se com as costas no chão e as pernas dobradas com uma almofada embaixo do joelho e os pés no chão.

Mantenha os olhos semifechados ou fechados. Para acalmar a mente, preste atenção em sua respiração, apenas no ar que entra e sai pelos pulmões, sinta o ar passando por um ponto entre as sobrancelhas. Quando se sentir relaxada, siga para o próximo passo. Você pode gravar um áudio com a sua voz guiando a meditação. Repita cada meditação três vezes:

Terra
Calmamente, coloque sua atenção para região localizada no fim da coluna, em suas pernas e pés. Visualize uma terra vermelha sobre toda essa região. Quando conseguir, sinta a energia do elemento Terra pulsando e aproveite para agradecer a presença maravilhosa deste elemento em seu corpo, em sua carne, músculos, ossos e órgãos. Agradeça por tudo que você tem e realizou. Sinta essas partes do corpo com calma e respeito. Respire fundo, sentindo o

elemento Terra passando por todo o seu corpo e exale, retirando dele todas as impurezas deste elemento e com ele o medo da morte do corpo físico e os apegos ao mundo. Inspire e expire quantas vezes achar necessário.

Água
Coloque sua atenção na região abaixo do umbigo, na altura dos seus órgãos sexuais. Visualize uma água pura e cristalina envolvendo toda a área, aproveite e agradeça a presença do elemento Água em seu corpo, no sangue, nos fluidos, agradeça por suas emoções com calma e respeito. Agora, inspire visualizando esta água pura percorrendo todo o seu corpo. Ao expirar, que ela leve para fora todas as impurezas e as emoções que nos trazem sofrimento. Inspire e expire quantas vezes achar necessário.

Fogo
Agora, sua atenção estará voltada para o seu estômago, toda essa região começará a brilhar e uma bola de fogo cresce. Pura luz solar. Sinta e agradeça a presença do elemento Fogo em seu corpo, pelo calor interno, por nos dar energia e iniciativa. Inspire visualizando este elemento amarelo e brilhante percorrer todo o seu corpo, queimando as impurezas e fornecendo a energia necessária para sua vida. Ao expirar, veja esse fogo saindo e regenerando todo seu ser. Inspire e expire quantas vezes achar necessário.

Ar
Conforme respira, traga sua atenção agora para o centro do peito, para os seus pulmões. Visualize o elemento Ar pulsando como uma luz branca e cintilante. Perceba que essa luz preenche todo o seu corpo. Agradeça a presença deste elemento. Inspire, visualizando essa luz se espalhando e restaurando todo corpo. Ao expirar, veja que ela removeu todo e qualquer resquício de impureza. Inspire e expire quantas vezes achar necessário.

Éter
Agora que você já está se sentindo mais purificado e leve, coloque sua atenção no topo da cabeça, visualize o espaço sideral, o Universo e sua maravilhosa energia infinita. Seja Um com o Universo, não tenha pressa, pulse com as

estrelas. Agradeça por seu Espírito, pela criação, pela sua vida e sinta a energia em sua forma mais pura, o poder da transformação e da vida do elemento Éter. Inspire e expire vida, quantas vezes quiser. Conecte-se com toda a existência de todos os universos.

Agradeça por toda a purificação e retorne mexendo bem devagar os dedos, as mãos e os pés.

Os Elementais

Os elementais da natureza são entidades místicas frequentemente associadas aos quatro elementos fundamentais: Terra, Ar, Fogo e Água. De acordo com diversas tradições e crenças ancestrais, esses seres são considerados os guardiões e manifestações dos elementos primordiais que compõem o mundo natural. Cada elemental é pensado para personificar as características únicas do seu elemento correspondente, exercendo influência e energia sobre ele.

Acredita-se que os elementais da Terra representam a solidez, a estabilidade e a fertilidade do solo, enquanto os elementais da Água estão ligados à fluidez, à intuição e à purificação. Os elementais do Ar são associados à liberdade, à comunicação e ao movimento, enquanto os elementais do Fogo simbolizam a paixão, a transformação e a energia vital.

Essas entidades são descritas de maneiras diversas, variando de uma cultura para outra. Algumas as percebem como seres etéreos e sutis, enquanto outras as visualizam como criaturas pequenas e humanoides; há também quem as imagine como forças puramente energéticas.

Os praticantes de diversas correntes espirituais e esotéricas acreditam na interação com os elementais para buscar equilíbrio e harmonia na conexão com a natureza. Invocar ou trabalhar com essas entidades é visto como uma forma de honrar e compreender os elementos essenciais que sustentam toda a vida no Planeta.

Apesar de sua natureza misteriosa e da ausência de evidências tangíveis, os elementais da natureza continuam a desempenhar um papel significativo no folclore, na espiritualidade e na magia, representando a profunda ligação entre a humanidade e o mundo natural que a cerca.

Aqui estão representações comuns dos seres elementais associados a cada um dos elementos:

- **Salamandras:** os elementais do Fogo são frequentemente retratados como criaturas flamejantes ou seres de chamas dançantes. São considerados guardiões das chamas e símbolos de transformação e energia vital. As Salamandras são capazes de transformar as emoções. Suas forças positivas bloqueiam vibrações negativas ou não produtivas. Tanto nos animais, quanto no homem, as Salamandras trabalham através do emocional, por meio do calor corpóreo, do fígado e da corrente sanguínea.

- Ondinas e Nereidas: os elementais da Água habitam em qualquer lugar onde haja água, como guardiões em fontes, rios, cachoeiras, etc. Muitas vezes representados como Ondinas, Ninfas ou seres aquáticos, essas entidades são associadas à fluidez, à cura e à intuição. Suas formas são descritas como fluidas e graciosas, relacionadas com a essência purificadora e vital do elemento da Água. Visualmente, podemos ver cintilações na água que não são do sol, mas, sim, de sua luminosidade. Esses elementais maravilhosos nos guiam em nosso reencontro com a vida e com nossos dons adormecidos, assim como auxiliam na cura, seja ela física ou emocional.

- **Silfos e Sílfides do Ar:** associados aos anjos e as fadas, esses seres regem as atividades mentais. Descritos como criaturas etéreas, graciosas e livres, eles representam a liberdade, a comunicação e a capacidade de movimento. São considerados os guardiões dos ventos e das correntes de ar, simbolizando a fluidez e a mente expansiva do elemento do Ar. Existem muitos seres que guardam outras dimensões, os seres feéricos, por exemplo, são guardiões de lugares específicos e não devem ser confundidos. Os silfos e as sílfides equilibram as energias do Ar e são responsáveis por sua energia primária. As fadas e os elfos ajudam a manter este equilíbrio.

- **Gnomos:** Duendes, Fadas e Gnomos são frequentemente considerados os elementais da Terra. Esses seres personificam a solidez, a estabilidade e a conexão com a natureza. São ligados às florestas, montanhas e cavernas, guardiões dos segredos da terra e das energias telúricas. Os Gnomos possuem sua representação física nas plantas, trabalham com as energias da terra relacionadas à solidez, abundância, nutrição, etc. Ajudam a manejar as energias do elemento Terra tanto internamente quanto externamente.

Como os elementais são ajudantes da mãe Terra, eles promovem a manutenção da vida. Podemos pedir aos nossos amigos elementais que nos ajudem e nos apoiem, mas devemos entrar em contato com eles para gerar um laço de amizade primeiro.

CAPÍTULO 5

Lunação e Magia

Como Bruxas, sabemos que a Lua já foi venerada e considerada uma divindade entre antigas civilizações, um símbolo associado ao feminino, fecundidade, ilusão e pureza.

A Lua é a energia emocional que nos guia, revela nossa manifestação inconsciente onde guardamos as impressões das experiências vividas. Ela simboliza a nossa alma, nossos sonhos, as fantasias e manifestações do "eu" profundo e inconsciente. Trabalhar com nossa sombra é revelar nossa face escondida trabalhando os nossos próprios ciclos.

Assim como a Lua tem fases, suas manifestações nos banham com sua energia. Para cada fase, um vórtice de energia flui como um rio da qual podemos beber de sua fonte de poder e devoção.

A Lua está diferente a cada dia. Com luminosidade e posição nova, sempre majestosa, ensinando-nos a respeitar e a venerar suas manifestações na natureza e em nós mesmos.

Fases da Lua

A Lua vai além de um corpo celeste. Entendendo a Lua como a personificação da Deusa, em cada fase temos um aspecto divino e também um aspecto interno que se aflora em nós mesmos. Podemos aproveitar essas energias para fazermos nossos trabalhos mágicos de acordo com cada fase da Lua.

Podemos associar as fases da lua com os aspectos da Deusa Mãe, geradora de vida. A Lua crescente representa a virgem; a Lua cheia a mãe; a Lua minguante a anciã e a Lua nova é a face oculta.

Uma lunação é o período que a lua transcorre de uma lua nova para a outra, seu ciclo é de 28 dias e meio.

Lua nova

Iniciamos e encerramos os ciclos da lunação nesta fase. Desta forma a Lua nova traz a esperança do novo. Hora de iniciar projetos, feitiços de mudança, limpeza e clareza mental e mudança de atitude, preparando tudo para o novo.

Deusa Menina

Aqui temos um aspecto pouco explorado que é a Deusa Menina, pronta para iniciar sua jornada, cheia de ideias e encantos. É a criança que cresce em nós, como a esperança de uma vida melhor, um trabalho melhor e um mundo melhor.

Quando precisamos de coragem, de mais alegria em nossa vida, recorremos a este aspecto maravilhoso.

Na Umbanda, vemos muito dessa energia sendo trabalhada pelos erês. A palavra *erê*, em iorubá, significa "brincadeiras" e "diversão".

A energia deste aspecto mais inocente traz equilíbrio, renovação, transformação, esperança e amor puro.

Ritual para curar um coração magoado

Objetivo: conexão com sua Criança Interior

Material necessário

- 1 vela amarela, 1 azul-clara, 1 branca, 1 rosa-clara e 1 verde-clara
- Doces, balas, bombons, etc.
- Fitinhas de cetim coloridas
- Papel e caneta

Realize esse ritual durante o dia. Coloque uma música animada. Monte seu altar de forma bem alegre, use flores, pão doce, tudo que sua criança interior ama.

Acenda as Velas e diga:

> Lua Menina, Lua das novas Emoções
> Desperte em mim a Criança que dorme.

Dance, pegue as fitinhas, prenda no cabelo, faça careta, permita-se vivenciar o que a muito adormeceu em você! Cante alto, ria, sacuda o cabelo. Em seguida, sente-se, reflita que sua vida tem seus desafios, mas você ainda é aquela criança que queria crescer, que queria ficar acordada até tarde, que fazia manha e pirraça. A mesma pessoa, mas agora com mais responsabilidades.

Anote no papel o que deixou seu coração partido, sua mágoa, suas tristezas... chore, grite se quiser, ponha para fora sua frustração.

Leia em voz alta e peça ajuda à Deusa da Lua nova para que renove seu coração e espírito, que leve embora suas dores e que você possa ficar mais leve e feliz.

Peça que ela deposite sobre os doces a energia da alegria e da felicidade. Coma um doce, se tiver escolhido pão ou bolo, coma enquanto rasga sua carta aos menores pedaços possíveis e jogue em um saquinho de lixo.

Agradeça a Deusa, deixe as velas queimarem até o fim, os doces podem ser consumidos posteriormente.

Lua crescente

Quando dizemos que a Lua está crescendo, estamos nos referindo à luminosidade em sua superfície, que está sendo ampliada; cada dia sua visibilidade cresce mais. As magias que fazemos neste período, assim como a Lua, vai crescendo à proporção de sua luz, assim, quando a Lua estiver cheia, sua magia vai atingir seu ápice.

Esta é a Lua ideal para realizar rituais e feitiços com o intuito de aumentar e fazer crescer algo, seja amor, dinheiro, amizade, intelecto, etc.

Assim, quanto mais vai sendo iluminada, maior é a probabilidade de fazer magias que tragam luz e esclarecimento, podendo ser uma reconciliação ou a resolução de um problema. A Lua crescente atrai, expande, fortalece e aumenta as grandes possibilidades, seu magnetismo proporciona isso de forma muito natural.

Deusa Donzela

Podemos nos conectar com as energias da Deusa em seu aspecto da Virgem, mas vamos entender como a Deusa se manifesta.

Imagine a Lua como um espelho que, conforme a luz do sol toca a sua superfície, ela reflete sua luz na Terra. Mas não apenas luz, agora esse reflexo está impregnado com as energias e magnetismo da Lua. A medida que a luz solar incide com maior intensidade sobre sua superfície, mais magnetismo é direcionado à Terra.

Como a Lua crescente possui pouca iluminação, seu magnetismo é mais sutil, virginal, puro, porém forte e constante.

Ritual do Pedido da Lua Donzela

Objetivo: conexão com a Deusa Donzela

Faça este Ritual em noite de Lua crescente, o melhor período é até o terceiro dia.

Material necessário

- 1 copo de chá de camomila
- 1 cristal transparente
- 1 rosa branca
- 1 vela branca para a Deusa
- 1 vela branca para o Feitiço
- Papel e caneta
- Usar roupas brancas

Arrume os itens em um lugar sob o luar, coloque uma música relaxante. Acenda a vela branca e chame pela Deusa Donzela com suas palavras. Levante a rosa ao céu e ofereça à Deusa:

Deusa Donzela,
Ofereço-te esta rosa, aceite este presente de pureza.
(desça a rosa passando pelo alto da sua cabeça)

Que Tua Luz Imaculada ilumine minha mente.
(desça a rosa passando pelos seus olhos)

Tire de meus olhos a maldade e o prejulgamento
(desça a rosa passando pelos lábios)

Ajude-me a dizer sempre a verdade
(desça a rosa passando pelo coração)

Ajude-me a me amar e projetar o verdadeiro amor
(desça a rosa passando pelo umbigo)

Filtre as energias para que eu não puxe o que não me é devido
(desça a rosa passando pelo baixo ventre)

Que as energias que eu possa criar sejam de acordo com minha evolução
(coloque a vela no seu altar)

Que eu seja teu espelho refletindo tua luz em mim.
Que assim seja!

Pegue o papel e anote um pedido para a Deusa. Seu pedido deve ser de acordo com as energias da Lua crescente, podendo ser um emprego, uma ajuda em algo que você está iniciando na sua vida, etc.

Diga seu pedido em voz alta segurando a vela. Acenda a vela e prenda-a em um pires, derretendo sua base, nunca a virando.

Deusa Maravilhosa da Lua crescente
ajude-me em meu pedido,
Assim seja!

Queime seu pedido na chama da vela. Agora pegue o copo do chá, levante aos céus e peça a Deusa que deposite neste chá toda a energia que seu corpo e mente precisam, renovando suas células e ampliando suas energias. Tome o chá segurando o cristal e fique conversando com a Deusa quanto tempo achar necessário. No dia seguinte, deixe a rosa em um lugar bonito ou dê para uma pessoa que precisa de luz em sua vida.

Lua cheia

Em potencial máximo, sua luminosidade banhada com muita energia nos confere força, mas também nos pede muita responsabilidade para lidar com tanta energia de uma só vez.

É a fase ideal para realizar magias e para melhorar a sua intuição, aumentar a percepção extrassensorial e melhorar as relações (amizades e relacionamentos). É o período mais usado para consagrar os instrumentos mágicos e fazer ritos na Bruxaria.

Pense que você está manipulando o fogo. A Lua cheia é puro fogo, saiba agir com cautela para que sua magia de adoçamento afetivo não traga mais brigas ao casal. Tome muito cuidado com o que pede, pense em cada palavra do pedido.

A Lua cheia é perfeita para qualquer atividade mágica, sobretudo para as magias de amor, paixão e poder.

Deusa Mãe

O aspecto da Deusa a ser trabalhado na fase cheia é o da Mãe, sua energia criadora é perfeita para aumentar habilidades psíquicas para feitiços de fertilidade e devoção.

Mesmo aqueles que não geraram filhos, independentemente do seu gênero, carregam dentro de si as energias criativas. O tempo todo concebemos ideias, cuidamos dos outros e de nós mesmos e mantemos viva em nós a essência materna ao longo de toda a nossa existência.

A Lua cheia é a Mãe da magia. Assim como manipulamos energia na Bruxaria, quando fazemos alquimia energética estamos vibrando com a Mãe, e assim, gerando energia.

Ritual do Pedido da Lua Mãe

Objetivo: conexão com a Deusa Mãe

Faça este ritual na noite de Lua cheia. O melhor período é até o terceiro dia.

Material necessário
- 1 copo de vinho ou suco de uva integral
- 1 cumbuca de barro (pode ser um caldeirão ou uma tigela de barro ou cerâmica)
- 1 ramo de trigo
- 1 rosa vermelha
- 1 vela amarela para o feitiço
- 1 vela vermelha para Deusa
- Papel e caneta
- Sementes de milho
- Usar roupas preferencialmente amarelas

Arrume os itens em um lugar sob o luar, coloque uma música alegre. Prenda a vela amarela no meio da cumbuca, distribua o trigo arrumadinho nela e no pé da vela coloque o milho. Acenda a vela vermelha da Deusa e diga:

O Vermelho é tua cor, Mãe Eterna,
Protetora Sagrada, ofereço-te esta vela,
Deusa da Vida, esteja comigo nesta noite de Lua cheia.

Levante a rosa ao céu e ofereça à Deusa:

Deusa Mãe, ofereço-te esta rosa, aceite este presente de amor.
(desça a rosa passando pelo alto da sua cabeça)

Que tua luz me proteja e cuide.
(desça a rosa passando pelos seus olhos)

Que meus olhos reflitam seu amor
(desça a rosa passando pelos lábios)

Que meu verbo crie com as palavras
(desça a rosa passando pelo coração)

Ensine-me o verdadeiro amor
(desça a rosa passando pelo umbigo)

Filtre as energias para que eu não puxe o que não me é devido
(desça a rosa passando pelo baixo ventre)

Que seu ventre seja o portal para um novo ciclo de prosperidade
(coloque a vela no seu altar)

Traga-me seu equilíbrio,
esteja presente com seu poder aqui neste lugar sagrado,
habite em mim Que assim seja!

Pegue o papel e anote um pedido para a Deusa, peça coisas relacionadas à prosperidade e à abundância, pode ser fartura, um emprego, melhoria financeira no trabalho, etc.

Diga seu pedido em voz alta com as mãos sobre a cumbuca, pode ser para engravidar, saúde para um filho ou alguém necessitado, um emprego, uma ajuda em algo que deseja que prospere. Acenda a vela e prenda em um pires, derretendo sua base, nunca a virando.

Deusa Mãe Maravilhosa da Lua cheia
ajude-me em meu pedido,
Assim seja!

Queime seu pedido na chama da vela. Agora, pegue o vinho, levante aos céus e peça que a Deusa deposite nele toda a energia necessária que seu corpo e mente precisam, para que as oportunidades sejam bem aproveitadas o abençoando para que sejam firmadas nele as energias que você precisa para alcançar sua abundância.

Tome o vinho, passe um tempo com a Deusa, converse com ela. Quando acabar de queimar a vela amarela, leve o trigo e as sementes para um local ou vaso e plante sua abundância com os restos da vela.

A rosa vermelha você pode presentear a pessoa que está tentando engravidar ou deixar sobre a abundância que você plantou.

Lua minguante

Muitas pessoas associam erroneamente esta fase aos trabalhos de Magia Negativa, Por experiência própria, eu aprendi que os trabalhos de natureza psíquica devem ser moldados aqui para terem seu ápice na Lua negra.

Assim como a Lua crescente vai criando, a minguante vai desfazendo, desconstruindo, torna as pessoas mais suscetíveis a aceitar a separação e a distância, sobretudo o desapego.

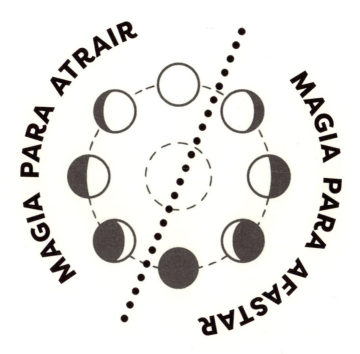

Deusa Anciã

A face da Deusa que podemos trabalhar agora é a Anciã. Ela, em sua grande sabedoria, ensina-nos que às vezes precisamos afastar o que não está colaborando para nosso crescimento e finalizar alguns ciclos, assim, podemos fazer feitiços para afastar maldições e doenças.

Ideal para meditação e magia contemplativa. Aqui iniciamos magias para acabar com maus hábitos e vícios ruins.

Ritual de Limpeza e Banimento da Lua Anciã

Objetivo: conexão com a Deusa Anciã

Faça esse ritual em noite de Lua minguante, o melhor período é até o terceiro dia.

Material necessário
- 1 copo de vinho ou suco de uva integral
- 1 cristal negro (obsidiana, turmalina-negra, etc.)
- 1 cumbuca de barro
- 1 pilão
- 1 punhado de sálvia branca seca
- 1 vela preta para o feitiço
- 1 vela preta para Deusa
- Carvão em brasa
- Incenso de verbena
- Papel e caneta
- Sal negro – uma mistura com partes iguais de carvão socado, até virar pó; terra preta; sândalo em pó; pó de ferro, que você consegue com pregos enferrujados; enxofre; canela; cravo; louro; café; turmalina; tudo em pó. Um pouquinho de cada já dá uma mistura grande.
- Usar roupas preferencialmente pretas

Previamente, coloque o carvão no fogão para que ele fique em brasa e depois coloque-o na cumbuca. Jogue um pouquinho de sálvia sobre o carvão. Quando a fumaça parar, jogue mais, de pouco em pouco, para ter o aroma da sálvia durante todo ritual. Acenda a vela preta da Deusa e diga:

> *O infinito é tua cor,*
> *Deusa de todo o conhecimento,*
> *Anciã Sagrada, ofereço-te esta vela,*
> *esteja comigo nesta noite de Lua minguante.*

Levante o cristal ao céu e ofereça à Deusa:

*Deusa Anciã, ofereço-te este cristal,
que ele possa me ajudar para
que meu caminho nunca se enfraqueça.
(encoste o cristal no alto da sua cabeça)*

*Que sua sabedoria guie minha mente.
(encoste o cristal nos seus olhos)*

*Que minha visão seja total, além do mundo físico.
(encoste o cristal nos seus lábios)*

*Que eu respeite os ancestrais.
(encoste o cristal no seu coração)*

*Em meu espírito e coração renovo esta ligação.
(encoste o cristal no seu umbigo)*

*Que eu sinta em minha carne,
em meus ossos e em meu sangue, todo o seu poder.
(encoste o cristal no seu baixo ventre)*

*que meu ventre seja o portal para um novo ciclo de prosperidade
(coloque a vela no seu altar)*

*deste momento em diante eu habito em vocês
e vocês habitam em mim
Que assim seja!*

Pegue o papel e anote tudo que precisa que saia da sua vida, não escreva nomes, mas, sim, situações e hábitos. Por exemplo: banir o interesse de falarem mal de mim, pessoas fofoqueiras, pobreza, etc. No pilão, coloque os ingredientes para a mistura do sal negro, vai misturando e deixando bem homogêneo, ao mesmo tempo que pede para que a Deusa deposite na mistura a energia necessária para que este pó fique magnetizado com as energias de proteção e limpeza.

Acenda a outra vela preta pedindo para que as energias da Lua minguante consagrem este pó mágico. Coloque um pouquinho do pó no papel escrito com aquilo que você deseja banir e dobre como uma cartinha. A seguir, coloque fogo com a chama da vela e depois coloque na cumbuca. Sobre o carvão, jogue um pouco do sal negro reforçando seu pedido.

Levante o vinho e peça para que a Deusa o abençoe, para que sejam firmadas nele as energias que você precisa para se limpar e se libertar do que o impede de ser feliz. Tome o vinho, passe um tempo com a Deusa, converse com ela. Quando acabar de queimar as velas, guarde o pó em um recipiente e use quando precisar.

Leve sempre o cristal com você.

Lua negra

Profunda contemplação e auto-observação são representações desta fase. Muito temida e respeitada, a Lua negra empurra as energias da Lua até nós, puxa nosso reflexo até ela, aflorando nossos defeitos e aquilo que ocultamos e o que precisamos trabalhar magicamente. Este período se encontra nos três últimos dias de Lua minguante, e tem esse nome, pois é o período em que a Lua está com sua face obscurecida, ou seja, não está sendo iluminada pelo sol.

Deusa Negra

Tudo que a Deusa ensinou nas outras fases agora vai ser cobrado por ela, que espera por nós, revelando o que precisa ser trabalhado. Eu costumo meditar com Hekate nesta fase e peço que ela me mostre o que preciso ver e o que preciso saber para me tornar uma pessoa melhor.

A Deusa também tem seu aspecto de revelação, assim podemos trabalhar com recordação de vidas passadas.

Ritual de Conselhos da Lua Negra

Objetivo: conexão com a Deusa Negra

Material necessário

- 1 espelho que caiba dentro de um tigela
- 1 incenso de mirra ou sândalo
- 1 oráculo opcional (tarô, pêndulo, etc.)
- 1 tigela com água
- 1 vela preta para Deusa

A Deusa Negra é atemporal, nela está contida a sabedoria do tempo (passado, presente e futuro), assim como o conhecimento profundo de nossa mente e emoções.

Coloque uma música calma e o espelho no fundo da tigela. O ambiente deve ter o mínimo de luz possível. Acenda a vela preta da Deusa e diga:

Da escuridão dos mistérios, chamo pela minha mãe interna.
Minha Deusa interna, auxilia-me neste momento
em que a escuridão domina minha razão.

Acenda o incenso na chama na vela da Deusa e coloque-a atrás da tigela de forma que fique:

Você – A Tigela – A Vela.

Olhe fixamente para o espelho, deixe que sua mente guie você, não force as imagens e nem afugente as que aparecerem. Mesmo que não veja nada, não desanime, pois este é um momento de conexão com a Deusa.

Quando achar suficiente, fique em uma posição confortável e use um oráculo para pedir um conselho ou entre em estado de meditação. Ao retornar da meditação anote tudo em seu Diário Mágico. Em alguns casos, este ritual é apenas para a conexão, havendo revelações em sonhos nos dias posteriores.

CAPÍTULO 6

O Cone de Poder

Encontrado em diversas tradições espirituais e práticas mágicas, o Cone do Poder é um conceito místico e ritualístico que visa concentrar e direcionar energia para um objetivo específico, utilizando-se da visualização, intenção e concentração.

Esta prática envolve a criação mental de um cone ou pirâmide de energia, sendo a base larga e a ponta direcionada ao alvo desejado. É como se fosse um vórtice de energia concentrada que se intensifica à medida que é construído.

Durante o processo do Cone do Poder, os praticantes costumam reunir-se em grupo para potencializar a energia coletiva. Juntos, eles concentram suas intenções, visualizando a energia fluindo de cada indivíduo para o ápice do cone, onde é direcionada para um propósito comum, seja para cura, proteção, manifestação de desejos ou outras finalidades específicas.

A prática do Cone do Poder não está limitada a uma única tradição ou crença e pode variar em termos de métodos e abordagens, sendo adaptada de acordo com as necessidades e convicções de cada grupo ou praticante individual.

Esta técnica não apenas se concentra na manipulação da energia, como também atua na união das mentes com as intenções para criar um efeito amplificado e potente. É um exemplo da crença na interconexão entre os indivíduos e na capacidade de influenciar a realidade por meio da energia concentrada e da intenção coletiva.

Digamos que você precise de uma quantidade grande de energia para uma finalidade importante como cura, proteção ou a realização de algo urgente. Para isso, você vai precisar de bastante energia, para que seu intento mágico seja realizado. Nesses casos, você pode se valer do Cone de Poder, que é uma espiral, um turbilhão de energia que vai ser direcionado para uma coisa específica e bem definida.

É importante ressaltar, que o Cone de Poder vem do poder da Bruxa, da sua habilidade de "moldar" a energia base, "passar" essa energia pelo seu corpo e "empurrar" a energia projetada para uma finalidade específica.

Existem várias formas para isso, mas uma delas em especial vou compartilhar aqui. É preciso lembrar sempre da responsabilidade que é usar uma quantidade grande de energia direcionada. Direcionar indiscriminadamente essa energia condensada em alguém pode gerar bloqueios energéticos sérios e pode provocar desmaio, caso não esteja acostumado a lidar com grandes quantidades de energia.

Podemos usar o Cone de Poder em casos de ataques espirituais, por exemplo. Vamos ver os princípios e como conduzir esta energia em um caso desses:

- Fonte de Energias
- Gesto-chave
- Visualização
- Explosão

Fonte de Energias: energia gerada a partir de si mesmo através de mantras, cantos, dança ou movimentos, como bater o pé no chão, bater palmas ou até mesmo girar. Cada pessoa vai encontrar em sua ética e jornada sua própria forma de captar e criar energias. Os elementais podem nos emprestar seu poder e até mesmo um orgasmo ritualístico funciona. As energias precisam se mover de onde estão e ir até você, então, além de gerar movimento, visualize que essa energia está entrando, penetrando seu corpo. Cada pessoa tem seu estilo de visualização, você pode se ver respirando a energia, sentir ela entrar pelos seus poros, sugá-la pelas mãos ou a maneira que se sentir confortável para isso. Evidentemente, você deve desenvolver antes como vai captar a energia do ambiente.

Gesto-chave: enquanto visualiza essa energia entrando em contato com a sua energia pessoal, mentalize ela subindo como uma serpente em suas costas, saindo pelo seu coração, circulando no ar e, como se atraísse mais energia, captando e voltando para dentro do seu corpo. A energia entra, sobe, sai, pega mais energia e vai criando um tornado de poder. O Gesto-chave é algo que vai ajudar você a criar a visualização, você pode girar o dedo, rodar, balançar as mãos, etc. O importante é ter uma representação física do movimento. Com o tempo, sua mente vai associar esse movimento à criação do Cone de Poder, o que vai tornar mais fácil a realização dos próximos.

Visualização: ao mesmo tempo em que faz tudo isso, você não pode parar de focar em sua mente seu objetivo final. De olho no prêmio, você foca no que deseja. Aqui no nosso exemplo seria afastar o espírito que o está atacando.

Explosão: quando sentir que a energia está forte o suficiente, você vai elevá-la pela coluna indo em direção à cabeça. Segure essa energia dentro de você, visualizando-a se acumular. Em seguida, faça uma explosão, direcionando a energia que, no nosso exemplo, seria afastar o espírito. Imagine que seria uma bomba de impacto. Você pode direcionar essa energia para alguém que está fraco, fazer um manto de proteção, realizar um feitiço importante, etc. São inúmeras as possibilidades.

Círculo Mágico

O Círculo Mágico é um espaço fechado astralmente, um local só seu e das pessoas convidadas a participar.

Usamos o Círculo Mágico para não termos interferências em nossa atividade. Você pode usar o círculo em várias ocasiões, até para fazer uma meditação se julgar necessário.

Fazendo um Círculo Mágico

Separe tudo que for usar e coloque dentro de onde será seu Círculo Mágico. Delimite o espaço físico do seu círculo, você pode usar barbante, pedras ou as paredes do cômodo, mas tenha um referencial físico. Com uma varinha, ou um athame, ou até mesmo com o dedo, projete sua energia traçando seu Círculo energeticamente.

Aponte para onde for iniciar seu círculo, fique no centro deste local e gire, usando a imaginação criativa. Projete da ponta do seu instrumento ou de seu dedo uma energia que vai até o limite do círculo e se expande, formando uma esfera. O três é o número da criação, então dê três voltas, bem concentrada, reforçando sua esfera.

Cada pessoa tem seus guias, sua própria espiritualidade e sua forma de se proteger. Caso ainda não saiba bem a sua, tranquilize-se, pois, com o tempo e a prática, tudo se ajeita. A maioria das pessoas usam rimas para ajudar a acalmar a mente, outras chamam os elementos, o importante é você se sentir confortável nesse momento. Uma sugestão é dizer em voz alta, ou em sua mente, palavras, frases ou rimas que conectem você à situação.

Acenda uma vela simbolizando a energia deste Espaço Sagrado, a luz que ilumina sua intenção mágica. Depois, trace da seguinte forma seu Círculo.

1ª Volta

Pelo Poder do Universo, o primeiro Círculo eu traço,
e este espaço mágico agora eu faço.

2ª Volta

Pela magia da natureza, o segundo Círculo vou fazer,
para de todo mal me proteger.

3ª Volta

Pela força dos elementos, o terceiro círculo vou completar,
para entre os mundos me lançar.

Vire-se para o altar e diga:

Pois acima, como abaixo, este círculo está selado.
Este local a partir de agora é sagrado!

Agora que existe uma barreira energética, uma bolha entre os mundos e você, evoque para este espaço as energias que serão usadas durante seu trabalho mágico. Como vimos anteriormente, os elementos promovem a energia e o equilíbrio necessário para nós mesmos e nossos intentos mágicos, por isso chamaremos pelos elementais, que vão nos ajudar a manter energeticamente nosso Espaço Sagrado.

Invocando os Elementos

De frente ao Norte diga:

Reverencio-me ao Norte, para da Terra os Gnomos convidar.
Tragam estabilidade, força e proteção,
recebo-vos com meu coração.

De frente ao Leste diga:

Reverencio-me ao Leste, para do Ar os Silfos convidar.
Tragam intelecto, alegria e imaginação,
recebo-vos com meu coração.

De frente ao Sul diga:

Reverencio-me ao Sul, para do Fogo as Salamandras convidar.
Tragam garra, coragem e transformação,
recebo-vos com meu coração.

De frente ao Oeste diga:

> *Reverencio ao Oeste, para da Água as Ondinas convidar.*
> *Tragam magia, amor e intuição,*
> recebo-vos com meu coração.

De frente ao altar diga:

> *Com Perfeito Amor venham!*
> *E em Perfeita Confiança, Bem-vindos Sejam!*

Evocando as energias que você for trabalhar

Seja um trabalho com uma divindade, entidade ou outra força, este é o momento em que você, com suas palavras, através de um poema, uma música etc., evoca as energias ou Divindades com que quer trabalhar. Isso não é obrigatório, é totalmente opcional, se você se sentir confortável com isso, chame!

Quando for chamar uma divindade, procure fazê-lo de acordo com o seu desejo, por exemplo, para um ritual de amor, chame por uma Deusa relacionada ao amor, obviamente contatada com antecedência através de uma meditação ou outra forma de conexão com a divindade. Você pode solicitar sua presença no círculo através das formas citadas anteriormente ou com suas palavras sinceras do coração, mas é importante que, neste momento, seja acesa uma vela representando esta energia e criando assim uma âncora dessa divindade com o seu círculo.

Iniciando seu trabalho mágico

Com seu Espaço Sagrado devidamente preparado, inicie seus feitiços, poções, invocações, meditação ou o que quer que seja seu objetivo com o Círculo Mágico.

Finalizando seu trabalho mágico

Terminando suas atividades ritualísticas, certifique-se de agradecer a presença das energias e Divindades que foram convidadas. Agora é hora de encerrar seu trabalho e começar a dissipar as energias.

Despedida das Divindades

Fixe seu olhar na vela da Divindade por uns instantes, quando estiver pronto despeça-se e diga:

Eu apago esta vela mas não apago nossa conexão.

Guarde a vela para se comunicar com esta Divindade novamente.

Despedida dos Elementos

Assim como agradecemos aos elementos à sua presença, também nos despedimos de nossos queridos amigos que vieram tão gentilmente em nosso Círculo.

Vire-se para o Oeste e diga:

Do Oeste venho me despedir, da Água e das Ondinas que estiveram aqui, agradeço-vos com meu coração. Sigam em paz e com minha gratidão.

Vire-se para o Sul e diga:

Do Sul venho me despedir, do Fogo e das Salamandras que estiveram aqui, agradeço-vos com meu coração. Sigam em paz e com minha gratidão.

Vire-se para o Leste e diga:

Do Leste venho me despedir, do Ar e dos Silfos que estiveram aqui, agradeço-vos com meu coração. Sigam em paz e com minha gratidão.

Vire-se para o Norte e diga:

Do Norte venho me despedir, da Terra e dos Gnomos que estiveram aqui, agradeço-vos com meu coração. Sigam em paz e com minha gratidão.

Encerrando o Círculo

Fixe seu olhar na vela do Círculo Mágico por uns instantes. Quando estiver pronta diga:

Esta vela vou apagar, mas a magia em mim nunca se apagará.
Que as energias retornem a seu lugar.

Apague a vela. Bata palmas, bata os pés no chão ou use o sino para dissipar as energias residuais.

CAPÍTULO 7

Práticas Diárias e Rituais

Rituais são conjuntos de atividades que fazemos com um propósito específico. Mesmo se formos fazer algo simples, devemos ter uma estrutura formada para isso. Basicamente, a estrutura de um ritual segue o esquema a seguir:

1) Planejamento: para montar rituais eficientes e completos, por mais simples que sejam, devemos fazer um planejamento do que vamos usar, quando e como. Você deve anotar dia, hora, local e o que vai realizar em seu ritual. Nas páginas seguintes, você conhecerá algumas referências para montar um ritual próspero e seguro.

2) Purificação: procure retirar as energias que não se alinham com os temas do seu ritual, limpando seu corpo e o ambiente. Essa purificação pode ser feita através de defumações, banhos, etc.

3) Centralização e aterramento: dois conceitos essenciais para os praticantes de magia. A centralização envolve o foco e a concentração da energia mágica dentro de si mesmo, reunindo-a para um propósito específico. É como direcionar a mente e as intenções para um único ponto, reunindo todas as energias dispersas. Já o aterramento refere-se à conexão com a terra e às energias terrenas. É o processo de liberar o excesso de energia acumulada durante práticas mágicas ou rituais, garantindo que essa energia não cause desequilíbrios ou sobrecargas.

Assim como um circuito elétrico precisa de um aterramento para evitar danos, os praticantes de magia utilizam técnicas para descarregar o excesso de energia e manter um equilíbrio saudável. Esses princípios são fundamentais para que os praticantes de magia alcancem resultados eficazes e seguros, permitindo o controle adequado das energias manipuladas durante os rituais ou feitiços.

4) Espaço Sagrado e Círculo Mágico: servem para nos proteger das energias que "não foram convidadas" para o ritual. Com isso, não teremos interferências e não precisamos nos separar fisicamente da nossa rotina.

5) Convidando as Energias e Divindades: chame para dentro do Círculo quem você quer que faça parte da atividade, como os elementais, as Divindades, etc.

6) Celebração: com as velas do altar acesas e as Divindades convidadas, você pode fazer um feitiço, encantamento, poção, óleo, um artesanato, qualquer coisa que vai ser impregnado com a energia principal canalizada pela intenção do ritual. Você pode até fazer apenas um agradecimento ou usar um oráculo, ou seja, é o seu momento com as Divindades. É como se você chamasse um amigo para ir à sua casa. É o momento para dar atenção a ele, fazer alguma atividade que o envolva, etc.

7) Despedindo-se: despeça-se com carinho e respeito, como se você falasse com aqueles amigos que convidou para sua casa. Diga palavras como: "muito obrigada por ter vindo, por ter participado comigo, por ter me ajudado e me ouvido. Gratidão pela visita". Este é o momento que você precisa encerrar e que seu convidado deve ir também. Não precisa decorar nada, apenas fale de coração. Agradeça aos elementais, às Divindades e a todas as energias que atenderam ao seu chamado.

8) Finalização: apague as velas e encerre o Círculo Mágico.

A Energia adequada para cada ritual

Nós somos livres para trabalhar com as energias as quais tivermos mais afinidade, veja alguns exemplos das energia que podemos usar em rituais e feitiços.

Energia Natural: é a energia dos elementos da natureza, assim como as ervas, cristais, ossos e energias do nosso Planeta, conhecidas como "Força Telúrica".

Energia Elemental: é quando pedimos ajuda aos seres ligados aos quadrantes/elementos, (Terra, Ar, Fogo e Água), trabalhando com Gnomos, Duendes, Fadas, Salamandras, Dragões, Silfos, Sílfides, Ondinas e outros seres do mundo Astral.

Energia Planetária: aqui trabalhamos com as energias dos planetas e dos astros celestes. Nós, Bruxas, podemos usar as energias da Lua como um grande espelho celeste, captando e moldando as energias de todos os planetas do nosso sistema.

Energia Divina: é quando trabalhamos diretamente com os Deuses, evocando seu poder, comunicando-nos e vibrando com sua energia.

Energia Pessoal: nem sempre podemos usar o nosso poder pessoal para tudo, pois essa é a fonte de Energia interna da Bruxa, nosso Ki, a chama da energia sexual do ser humano. Nossa energia pessoal deve ser empregada em nossa evolução e não deve ser desperdiçada.

Cristais

No nosso Planeta, durante milhões de anos, os cristais e as pedras receberam a energia de vulcões e a força da movimentação interna da Terra. Resultando, assim, em uma imensa quantidade energética que naturalmente pulsa dos cristais o tempo todo, emitindo ondas em faixas de frequências extremamente benéficas para todas as formas de vida do Planeta.

A ciência, através de experimentos e milhões de casos de comprovações dos usos positivos dos cristais, aprovaram seus efeitos benéficos com a base na física quântica.

Einstein, de acordo com sua teoria, mostrou que toda matéria do Universo é formada por energia em constante vibração e todos os corpos físicos interagem entre si trocando energias na forma de ondas.

Do ponto de vista espiritual, percebemos que cada pedra nos induz a um tipo de pensamento e sentimento, daí a explicação do porquê um cristal pode favorecer a manifestação da prosperidade, amor, entusiasmo, força e outras vantagens em nossa vida.

Usados em diversas tecnologias, vemos as energias dos cristais sendo usadas em dispositivos laser, computadores, celulares, satélites, televisores, equipamentos médicos, etc.

Um cristal pode auxiliar você a mudar as energias e propiciar um ambiente harmônico e com as energias que deseja.

Limpando os Cristais

Sua nova pedra ou cristal emite energias positivas o tempo todo, mas sua capacidade de "memória" pode estar também sobrecarregada de energias desarmônicas.

Antes de chegar na sua casa, ela viajou bastante e entrou em contato com várias pessoas. Neste estado, ela tem sua capacidade de emissão de energias positivas diminuída.

A boa notícia é que, por meio de procedimentos simples, podemos limpar, energizar e direcionar as suas energias para a finalidade que desejarmos.

Podemos usar um pote com sal para purificar os cristais. A única coisa que devemos prestar atenção é evitar que o sal risque o cristal.

Outro método que eu uso muito é enterrar a pedra na terra para que absorva a energia da natureza e do elemento. Devemos nos atentar ao fato de que algumas pedras não podem ser expostas ao sol, calor e água.

Programando os Cristais

Depois de purificado, é chegada a hora de programar, dar um propósito aos cristais. O processo é bem fácil, basta apenas segurar a pedra ou cristal em sua mão e visualizá-lo sendo banhado pela luz universal. Mentalize a finalidade pelo qual a pedra vai trabalhar. A mentalização é importantíssima, pois tem que ter um foco claro e objetivo.

Não pense em nada além daquele motivo. O que você deseja que a pedra atraia? Cura, amor, intuição... Seja bem específico.

Ainda mentalizando, entre em sintonia com o cristal, agora ele é seu amigo, diga em voz alta:

Eu programo este cristal para .... (descreva o propósito).

Como usar os Cristais

Os cristais são ótimos aliados na magia, eles possuem uma vibração constante, servem como emissores das energias que, combinados, funcionam como baterias e grandes modificadores vibracionais.

- **Banhos:** para obter um efeito de energização, escolha alguns cristais de sua preferência e coloque-os na banheira. Após o banho, você deverá limpá-los e energizá-los novamente.
- **Energização de ambientes:** escolha alguns cristais e coloque-os dentro de um vidro com água, um deles precisa ser de quartzo. À medida que a água dentro do vidro for ficando escura, troque-a e lave os cristais.
- **Uso pessoal:** escolha um cristal e coloque-o dentro de um veludo, carregue-o na bolsa ou em qualquer outro lugar de sua escolha. O cristal também pode ser usado dentro do travesseiro enquanto você dorme.
- **Plantas:** coloque um cristal de sua preferência perto da raiz da planta a ser energizada. Para absorver a energia de um cristal, posicione sua ponta de modo que fique direcionado para você. Se for passar energia para outra pessoa, direcione a ponta do cristal para a pessoa que receberá a energia.

Observação: lembre-se de que com a mão direita você projeta, ou seja, envia energia para o cristal, e com a esquerda recebe a energia.

Elixir (poção) de Cristais

Quando a energia do cristal é transmitida para a água, geralmente por meio de imersão, as propriedades vibracionais do cristal são transferidas, resultando em um elixir. O mais importante neste caso, é saber quais cristal podem ou não ser usados. Alguns cristais, quando em contato com a água, podem torná-la tóxica.

Prefira pedras polidas para evitar que as fissuras da pedras brutas armazenem impurezas, além disso, deixe as pedras usadas em elixires separadas e altamente higienizadas.

Material necessário

- 50 ml de álcool de cereais
- 100 ml de água mineral
- Recipiente de vidro incolor ou da cor da pedra (pode ser um copo)

Com a Lua nas fases entre nova e cheia, coloque o cristal dentro do recipiente com cuidado para não quebrar o vidro. Lembre-se de ter higienizado a pedra antes. Em seguida, coloque os 100 ml de água e deixe no sol de 7 até 10 dias. Quando estiver pronto, retire o cristal com uma colher de plástico, não de metal. Coloque o álcool de cereais (para que não se proliferem bactérias na água) e armazene bem, dê preferência a um vidro conta-gotas. Normalmente este elixir é usado para cura e tratamento homeopático. O tratamento se dá entre 7 e 9 gotas 3 x ao dia durante o período de 28 a 60 dias no máximo.

Mandala de Cristais

Também conhecidas como "Grades de Cristais". A palavra *mandala* tem origem no sânscrito e significa "círculo". Mandalas representam energias em movimentação, criar uma Mandala de Cristais é movimentar as energias para que um desejo se torne realidade.

Essas Mandalas podem ter várias finalidades. Fáceis de fazer, você vai simplesmente utilizar um padrão geométrico como base e dispor os cristais em sua superfície. Existem muitos padrões de acordo com a geometria sagrada, veja um exemplo.

Para criar sua mandala, antes de mais nada precisa estabelecer a finalidade que você deseja alcançar para depois encontrar a geometria sagrada correspondente.

Você também pode criar sua própria base para suas mandalas.

Material necessário

- Cristais para uma finalidade específica
- Base para a mandala

Coloque sobre a base da mandala os cristais de forma harmoniosa.

Use sua mão dominante para desenhar sem tocar nos cristais, começando e terminando no mesmo cristal e ativando-os com a sua mente e intenção.

Use combinações de cristais para finalidades específicas, uma mandala de proteção, por exemplo, poderia ter ônix, turmalina e hematita, use o guia a seguir para escolher seus cristais.

Guia Rápido de Cristais

Ametista: um Super Cristal! A ametista ajuda na proteção e na conexão com a espiritualidade. Desperta a intuição, protege de ataques espirituais, transmuta as energia dos ambientes e aumenta nossa energia vital.

Amazonita: atrai boa sorte para quem a usa, melhora a capacidade mental, auxilia a abrir os caminhos.

Jaspe-vermelho: sua ação de proteção é maravilhosa. Ajuda a bloquear as energias negativas, desfaz os ataques e purifica e protege os ambientes.

Ônix: uma de minhas pedras favoritas. É o cristal do Poder. Ajuda a alcançar nossas metas e a superar traumas e medos. Ótima para afastar a depressão, além de ajudar a aumentar nosso poder pessoal.

Olho de tigre: pode ser usado como um poderoso talismã de proteção. Ajuda a neutralizar as energias negativas. Usado constantemente, como um anel, por exemplo, ele ajuda a quebrar maldições e feitiços, além de auxiliar a ativar a energia Kundalini.

Pedra da Lua: essa pedra lindíssima já tem um nome especial! Ajuda a despertar as capacidades psíquicas, aumentar nosso magnetismo e poder de atração, além de ajudar a equilibrar as emoções.

Pedra do Sol: seu brilho me deixa fascinada. Além de ajudar na vitalidade, auxilia no brilho e no magnetismo pessoal e traz sorte, segurança e coragem.

Pirita: a pedra da prosperidade e do sucesso. Um ímã para atrair coisas boas, prosperidade, ganhos financeiros e novas oportunidades de negócios.

Quartzo-rosa: é a pedra do amor, da paz e da alegria pela vida. Atrai as energias do amor puro para nossa vida, purifica as energias ao seu redor e melhora os relacionamentos conjugais e familiares.

Quartzo-verde: pedra da saúde e da vitalidade. Auxilia a fortalecer a saúde, aumenta nossa disposição, acelera o metabolismo, melhora nossa energia.

Quartzo-branco: este é nosso coringa, podendo ser usado para tudo. Um poderoso purificador e energizador, além de fortalecer a aura e purificar ambientes, também abre caminhos e remove bloqueios energéticos.

Selenita: esta pedra melhora nosso contato espiritual, conectando-nos com os planos superiores, além de favorecer a telepatia e nos proteger nos sonhos.

Sodalita: pedra de elevação espiritual e proteção. A sodalita tem um poder fortíssimo, pois auxilia no bom funcionamento da glândula pineal e desperta capacidades superiores da mente.

Topázio-azul: cristal perfeito para a meditação. O topázio-azul abre as portas da nossa mente, facilitando a conexão com os seres angélicos e superiores.

Turmalina-rosa: mais um cristal do amor. A turmalina-rosa é muito poderosa e ainda ajuda na cura espiritual. Atrai o amor, melhora os relacionamentos, reduz a timidez, intensifica a energia sexual e aumenta nosso magnetismo.

Turmalina-verde: assim como o quartzo-verde, esta pedra ajuda na nossa energia vital. Auxilia a eliminar o cansaço, equilibra nosso campo bioenergético, canaliza as energias vitais da natureza e rejuvenesce todo o corpo físico.

Turmalina-melancia: cristal de elevação espiritual e amizade. Ajuda atraindo amizades verdadeiras, removendo medos e ansiedades, além de ajudar a desintegrar a negatividade.

Vassoura de Bruxa: um cristal para ter com você o tempo todo. Esta poderosa pedra é um forte amuleto de proteção espiritual. Ajuda a afastar as más influências, purificando o ambiente e neutralizando energias de inveja e ódio.

Magia com as Velas

É muito comum fazer magia com velas. Não é uma regra, mas além da energia que possuem, tudo fica mais mágico e místico com as velas. Existem velas de diversos tamanhos, formas e desenhos, usadas para aumentar ou gerar o poder de um encantamento, feitiço ou rito.

Há velas em vários formatos, como crânios, pessoas, partes do corpo, etc. Quando trabalhamos com elas, ficamos atentos a tudo, como ela derrete, formato da cera, as sobras, como elas queimam, a força das chamas, etc. Interpretar esses sinais é uma prática chamada "Ceromancia", que é quando estamos "procurando" uma resposta na forma como a vela queima, como se estivéssemos usando um oráculo. Ceromancia vem de *cero* (cera) e *mancia* (revelação). Quando eu era criança e faltava luz em casa, eu e meus irmãos nos divertíamos tentando interpretar os formatos da cera derretida das velas. Podemos considerar isso como um breve exercício introdutório à ceromancia, uma prática ainda realizada por muitas crianças.

Por analogia simbólica, dizemos que o corpo da vela simboliza o ser humano, o seu pavio é a consciência e a chama o espírito, por isso usamos as velas para simbolizar as pessoas e o que acontece com o decorrer da queima pode, sim, dizer muito sobre a resposta do seu pedido!

As velas são bastante usadas com ervas para potencializar suas magias. Outra forma simples de potencializar suas velas é através da associação das cores. Como cada cor possui atributos diferentes, vamos analisar o uso das velas de acordo com sua cromoterapia.

Significado das Cores das Velas

Amarela: simbolizando o elemento Ar, a vela amarela pode ser usada para magias do intelecto, criatividade, mente, concentração e imaginação. Usada também nas magias solares e de prosperidade.

Azul: simboliza poder e proteção, muito usada para magias desse fim e para reconciliar pessoas e promover paz e tranquilidade.

Branca: uma vela coringa, pode ser usada para qualquer finalidade.

Dourada: usada para a mente, prosperidade, magnetismo e poder pessoal. Também usada em rituais para atrair dinheiro ou sorte rápida.

Marrom ou castanha: simbolizam a terra, usadas em magias para trazer equilíbrio, estabilidade e força material. Muito bem aplicada em feitiços para pessoas indecisas e para atrair sucesso financeiro.

Prateada ou cinza bem claro: representa o brilho intenso. Serve para repelir a negatividade, retirar a ilusão e ver claramente uma situação. Usada também em magias lunares.

Preta: muito usada em magias de limpeza, banimento, proteção, poderes mentais e trabalho com a Deusa.

Rosa: para magias de amor, romance e amizade. Todas as magias que tratam das relações interpessoais podem ser usadas velas desta cor.

Roxa ou púrpura: são as cores da transmutação, do poder psíquico e da espiritualidade. Muito usadas em magias de proteção, para afastar o mal e para adivinhação.

Verde: a cor da cura e do amor, usada em magias de fertilidade, prosperidade, sucesso e abundância.

Vermelha: cor da atividade, movimento, usada para magias de energia, potência sexual, paixão, amor, fertilidade, força, coragem e poder.

Significado da chama da vela

Quando a cera forma uma escada ao lado da vela: tenha paciência e saiba esperar, pois precisará de mais tempo.

A chama da vela não acende: pode ser que você ou o ambiente estejam carregados. Neste caso, é necessário melhorar a energia pessoal e do local, ou tentar em outro momento.

A chama do pavio apaga antes de derreter toda a vela: a pessoa precisa se esforçar mais para que sua intenção se realize.

A vela "chora" (a chama derrete a parafina, que fica em estado líquido ao redor do pavio): dificuldade de realização do pedido.

Chamas amareladas: momentos de alegria e felicidade se aproximam.

Chamas azuladas: são muito positivas, pois existe uma força espiritual suficiente para que seu pedido seja realizado, mantenha a fé e a paciência.

Chamas baixas: haverá demora para o pedido ser realizado.

Chamas brilhantes: seu pedido será brevemente atendido.

Chamas em espiral: é para você manter o silêncio sobre seus sonhos e planos antes deles se concretizarem, indica que algumas pessoas podem interferir no seu resultado.

Chamas fracas: indica falta de fé, a intenção deverá ser mais firme e o pedido reforçado.

Chamas que levantam e abaixam: concentre-se na sua intenção, sua mente pode estar confusa.

Chamas que vacilam: algumas mudanças ocorrerão no seu pedido, mas será para melhor.

Chamas vermelhas: período favorável para o pedido ser realizado e a intenção ser concretizada.

Quando não sobra cera: seu pedido e intenção foram enviados ao plano espiritual, com sucesso.

Pavio que se parte em dois: o pedido pode ser realizado de outra forma, não houve clareza na forma que será feito.

Ponta de pavio brilhante (bola incandescente na ponta do pavio): é um bom sinal, significa que coisas boas acontecerão e suas realizações serão bem-sucedidas.

Se a chama soltar pequenas faíscas no ar: é sinal para ter cuidado com momentos de desavenças, desilusões ou dificuldades.

Quando sobra cera: quanto mais cera sobra, mais interferência de forças negativas. Aconselhável reacender a vela e insistir na intenção com fé.

Vela que entorta: cuidado com as dificuldades, pode indicar interferência negativa externa no que você deseja realizar.

Feitiço da Vela Verde (cura)

Material necessário
- Alecrim
- Copo com água
- Cristal de quartzo-verde
- Papel com nome completo do enfermo e data de nascimento
- Pires
- Sal
- Vela verde

Prenda a vela derretendo a base dela e a fixando no pires, coloque o papel com o nome embaixo do copo com água. Acenda a vela repetindo o nome da pessoa 7 vezes, por exemplo: "(nome) *está curado!*"

Coloque o alecrim em volta da base da vela, jogue 7 pitadas de sal na água e repita o nome do enfermo 7 vezes: "(nome) *está sanado!*"

Visualize uma luz verde envolta da pessoa, de forma brilhante e limpa. Quando as velas apagarem, despreze a água no ralo da pia e jogue fora os restos das velas e o papel.

Feitiço da Vela Azul (reconciliação)

Material necessário
- 1 pires
- Mel
- Papel com o nome das duas pessoas escrito separado
- Vela azul
- Vela rosa

Coloque o papel com um nome na horizontal e o outro papel com o outro nome na vertical, formando uma cruz. Posicione o pires em cima dos papéis. Passe um pouco de mel nas velas para que fiquem grudadas uma na outra e coloque-as em cima do pires. Coloque o mel na base das velas e diga:

Que a convivência de .... e .... se torne doce, favorável e tranquila, de acordo com a lei universal.

Acenda a vela azul e diga:

Desejo que a paz esteja presente nas vidas de .... e ....

Acenda a vela rosa e diga:

Que todo sentimento de desavença seja desfeito e que a relação de ambos se torne tranquila e harmoniosa.

Quando as velas acabarem, descarte o que sobrou da vela no lixo.

Feitiço da vela rosa (adoçamento)

Material necessário
- 1 copo
- 4 canelas em pau
- Cravos
- Mel
- Nome das duas pessoas que precisam ser adoçadas (reavivar o sentimento entre elas e diminuir as brigas)
- Vela de 7 dias rosa

Coloque o nome das duas pessoas no mesmo papel dentro do copo e cubra com mel. Coloque a vela de 7 dias dentro do copo.

Em cada lado da vela, coloque uma canela em pau. Em volta da vela espete um cravinho e para cada um diga:

*O mel já foi adicionado, a canela o selou
o cravo afirma que um bom relacionamento se firmou.*

Coloque quantos cravos desejar, deixe a vela queimar em um local acima da sua cabeça (não pode ser no chão).

Feitiço da vela preta (xô fofoqueira)

Material necessário

- Cascas de alho
- Cascas de cebola (só a parte fininha dourada)
- Pimenta-do-reino em pó
- Pires
- Vela preta

Prenda a vela no pires. No pé da vela, coloque o pó da pimenta, depois as cascas do alho e da cebola. Acenda a vela e repita quantas vezes desejar:

*Toda pessoa mal-intencionada
perderá o interesse em me fazer mal,
que se afastem da minha vida os que de alguma forma
desejam me prejudicar.*

Não cite nomes, apenas os comportamentos, você pode adaptar para afastar os mentirosos, os enganadores, etc. Em seguida, descarte os restos no lixo fora de casa.

Feitiço da vela dourada (para encontrar amor)

Material necessário
- Cravo
- Maçã
- Vela dourada

Faça um furo na parte superior da maçã que caiba a base da vela. Prenda a vela na maçã, fixe os cravos na fruta dizendo em voz alta as qualidades que seu amor deverá ter. Faça isso com cada cravo, pode repetir se quiser.

Acenda a vela e deixe queimar pedindo que seu amor siga a chama da vela e venha ao seu encontro. Quando terminar, enterre a maçã e os restos da vela.

Feitiço da vela roxa (para esquecer um amor)

Material necessário
- Nome dos dois no papel com nascimento
- Vela roxa

Acenda a vela pedindo a Deusa para agir na sua mente, converse com ela, explique o motivo pelo qual você precisa esquecer este amor. Chore se sentir vontade. Quando estiver pronta, queime o nome de vocês na chama da vela. Observe a chama e espere a vela queimar até o fim. Descarte os restos no lixo.

Feitiço da vela prata (para se lembrar dos sonhos)

Material necessário
- Ametista
- Anis-estrelado
- Artemísia
- Saquinho de pano
- Vela prata

No saquinho, coloque todos os itens e feche. Em uma noite de Lua cheia, acenda a vela prata e peça à Deusa para consagrar seu amuleto para que você consiga se lembrar de seus sonhos. Guarde os restos da vela no saquinho também e coloque embaixo do travesseiro.

Feitiço da Sorte

Material necessário
- Citrino ou pirita
- Louro
- Saquinho de pano verde
- Vela verde

No saquinho, coloque todos os itens e feche, em uma noite de Lua crescente, acenda a vela e peça à Deusa para consagrar seu amuleto da sorte, guarde os restos da vela nele e leve na bolsa.

CAPÍTULO 8

Herbologia e Plantas Mágicas

A Herbologia Mágica, um campo de estudo intrinsecamente ligado à magia e às propriedades místicas das plantas, tem sido objeto de interesse e pesquisa ao longo dos séculos entre a comunidade Bruxa. Este ramo da magia concentra-se na análise, compreensão e aplicação das características mágicas de diversas espécies vegetais, buscando integrar os conhecimentos botânicos com os princípios mágicos que permeiam o mundo da magia.

Estudiosos dedicados exploram um vasto espectro de plantas que possuem propriedades mágicas distintas. Suas pesquisas abrangem desde as ervas simples de cura até as plantas mais complexas que podem ser utilizadas em poções, feitiços e rituais mágicos avançados. A Herbologia Mágica abarca estudos botânicos convencionais, proporcionando uma base sólida nas propriedades físicas e características das plantas. Além disso, os estudantes aprofundam seus conhecimentos nas propriedades mágicas específicas de cada espécie, assim como na identificação e coleta ética dessas plantas em ambientes naturais.

Os herbologistas também exploram as interações simbióticas entre as Bruxas e as plantas mágicas, aprofundando-se nas teorias sobre como a energia mágica flui entre a praticante e a planta, influenciando seu crescimento e desenvolvimento. Essa relação íntima é crucial para o entendimento das práticas mágicas que envolvem a herbologia.

Laboratórios especializados usam as mais diversas ferramentas para produzir remédios através das plantas. Assim é também com a Herbologia Mágica, onde ferramentas mágicas são usadas para fazer os mais diversos rituais. Cada erva carrega consigo um simbolismo único, muitas vezes enraizado em mitos e lendas. Os rituais herbais são explorados desde a criação de sachês e banhos de ervas até a consagração de óleos e unguentos para diferentes propósitos mágicos.

As ervas são catalisadores mágicos que desempenham importantes papéis na magia, desde promover proteção, purificação, cura até amplificar a energia em rituais. Seus aromas, propriedades e conexões ancestrais são aproveitados para canalizar intenções e transformar a energia ao nosso redor.

Seja em feitiços, na preparação de chás rituais ou em funções curativas, cada erva carrega consigo um potencial único. Desde atribuições mágicas específicas até os benefícios terapêuticos, cada folha e raiz contribuem para a riqueza e complexidade desse campo.

O uso de certas plantas são poderosos aliados na medicina alternativa, proporcionando bem-estar e equilíbrio. Combinando sabedoria antiga e novas descobertas, e com um olhar holístico sobre como a herbologia funciona, podemos transcender fronteiras temporais, adaptando-nos à modernidade sem perder a conexão com as tradições ancestrais.

Um aspecto crucial no uso das plantas mágicas é a ética. Promover práticas sustentáveis e um relacionamento respeitoso com a natureza, reconhecendo a importância de preservar esses recursos para as gerações futuras é um dever de toda Bruxa.

Cada planta possui suas próprias correspondências, associadas a elementos, planetas, signos zodiacais e propriedades mágicas específicas. Além de sua aplicação prática, a herbologia e o conhecimento das plantas mágicas fortalecem a conexão espiritual com a Terra.

A seguir, veja algumas ervas que são frequentemente empregadas em práticas mágicas e rituais na Bruxaria Natural do Hemisfério Sul, cada uma carregando consigo propriedades e energias específicas para diversas finalidades mágicas.

Acácia: representa proteção e clarividência, utilizada em rituais de purificação e visões espirituais.

Alecrim: proteção, purificação e clareza mental.

Alfavaca: atrai prosperidade, fortuna e afasta energias negativas.

Alho: protege, afasta energias ruins e promove saúde.

Aloe vera: associada à cura e purificação, utilizada em feitiços de cura e para remover energias indesejadas.

Arruda: proteção contra mau-olhado e energias negativas.

Camomila: calmante, atrai tranquilidade e paz.

Canela: estimula a prosperidade e o amor.

Capim-limão: limpa, purifica e afasta influências negativas.

Cravo-da-índia: protege, atrai amor e afasta a negatividade.

Erva-cidreira: relaxamento, harmonia e equilíbrio emocional.

Erva-doce: atrai boa sorte e promove alegria.

Espada-de-são-jorge: proteção, coragem e prosperidade.

Eucalipto: ligado à cura e purificação, é utilizado para limpeza energética e rituais de cura.

Guiné: ajuda na limpeza espiritual e serve para afastar energias densas.

Hortelã: atrai prosperidade e promove a vitalidade.

Manjericão: amor, prosperidade e proteção.

Maracujá: calmante, relaxante e traz paz interior.

Mastruz: atrai boa sorte e protege contra o mal.

Melaleuca (árvore-do-chá): representa força e proteção, empregada para purificar espaços e afastar energias negativas.

Pimenta: estimula a energia e afasta o negativo.

Sálvia: limpeza espiritual e sabedoria.

Semente de girassol: atrai sorte, felicidade e prosperidade.

Verbena: proteção, purificação e atrai boas energias.

Guia de Magia Herbal para promover Saúde Física, Emocional e Espiritual

Tem ervas para tudo. As variedades apresentadas a seguir podem ser utilizadas como incenso, essências e em rituais e práticas mágicas. Desde um simples galho de louro até um incenso em bastão adquirido em uma loja, todos esses elementos têm suas raízes nas ervas e podem ser incorporados em suas magias.

Adivinhação: canela, lilás, acácia, louro, eufrásia, madressilva, calêndula, artemísia, noz-moscada, rosa, tomilho, absíntio, mil-folhas, aveleira, lunária, sorveira

Amor: flor de macieira, vidoeiro, cinco-folhas, gardênia, madressilva, jasmim, almíscar, rosa, verbena, acácia, gataria, sabugueiro, feto, urze, zimbro, lavanda, calêndula, manjerona, visco, lunária, patchouli, segurelha, baunilha, valeriana, amor-perfeito, absíntio, mil-folhas.

Bênção, consagração: cravo, cipreste, olíbano, lótus, rosmaninho, sabugueiro, arruda.

Boa sorte, fortuna, justiça: cedro, lótus, hortelã, verbena, violeta, noz-moscada, baga de loureiro, canela, cinco-folhas, madressilva, camomila, jasmim, labaça amarela.

Centros psíquicos, abertura: noz-moscada, mimosa, lótus, lunária clarividência,

Criatividade: madressilva, lilás, lótus, rosa, verbena, cerejeira brava, segurelha.

Cura: cravo, canela, cinco-folhas, cravo-da-índia, lavanda, lótus, mirra, rosa, rosmaninho, sândalo, maçã, louro, cerejeira brava, aveleira, lúpulo, laranja, hortelã, sorveira, segurelha.

Determinação, coragem: pimenta-da-jamaica, almíscar, rosmaninho, sangue-de-dragão, verbena, carvalho, azevinho.

Energia, poder, força: pimenta-da-jamaica, louro, cravo, canela, cinco-folhas, resina de abeto, lótus, almíscar, tomilho, sangue-de-dragão, verbena, carvalho, azevinho.

Equilíbrio: jasmim, laranja, rosa.

Exorcismo: louro, olíbano, lavanda, mirra, pinho, madressilva, verbena, manjericão, cedro, feto, pimenta, verbasco, arruda, hipericão, absíntio, mil-folhas.

Felicidade, harmonia, paz: flor de macieira, manjericão, cedro, cipreste, abeto, jasmim, lavanda, lilás, lótus, laranja, patchouli, rosa, rosmaninho, lírio-do-vale, lisimáquia-púrpura, valeriana, verbena.

Inspiração, sabedoria: cinco-folhas, acácia, cravo-da-índia, cipreste, abeto, aveleira, louro, lírio-do-vale, musgo de carvalho, cana, rosmaninho, sorveira, arruda.

Meditação: acácia, angélica, louro, canela, olíbano, jasmim, mirra, noz-moscada.

Banir, libertar: cedro, cravinho, cipreste, patchouli, rosa, arruda, violeta, betônica, salgueiro, fetos, artemísia, hipericão, verbena, mil-folhas.

Proteção e defesa: angélica, louro, baga de loureiro, vidoeiro, canela, cipreste, resina de abeto, jasmim, lírio-do-vale, patchouli, pinho, arruda, verbena, manjericão, bardana, cinco-folhas, musgo, endro, sangue-de-dragão, feto, abeto, tojo, espinheiro-bravo, aveleira, urze, azevinho, zimbro, manjerona, visco, noz-moscada, verbasco, carvalho, pimenta, rosmaninho, sorveira, hipericão, cardo, absíntio, mil-folhas.

Purificação e limpeza: baga de loureiro, olíbano, lavanda, mirra, pinho, rosmaninho, verbena, manjericão, betônica, bardana, cedro, sangue-de-dragão, sabugueiro, hissopo, manjerona, carvalho, hortelã, arruda, sal, tomilho, valeriana, aspérula.

Reencarnação: lilás, sândalo

Visões: baga de loureiro, olíbano, lótus, acácia, calêndula, artemísia, absíntio.

CAPÍTULO 9

A Roda do Ano

A Roda do Ano é um conceito que ecoa o ciclo eterno da natureza, um reflexo dos ritmos da vida e das estações. Um símbolo sagrado que representa a constante transformação e renovação que ocorre ao nosso redor.

Marcada por quatro pontos principais: os equinócios de primavera e outono, e os solstícios de verão e inverno, cada um desses momentos celebra uma mudança significativa na natureza, refletindo não apenas as alterações climáticas, mas também os ciclos de nascimento, crescimento, colheita e descanso.

Na Roda do Ano percebemos a interconexão entre a Terra e os seres que a habitam. É uma celebração da vida, uma reverência aos ciclos naturais que influenciam nossas próprias jornadas. Através dela, reconhecemos a importância de honrar o momento presente e nos conectarmos com os fluxos constantes da existência.

Eu não vejo o tempo de forma linear, vejo-o de forma cíclica, assim como a natureza e tudo que nela existe. Meus calendários levam em conta não só o ciclo solar, mas também o ciclo lunar.

As Tradições da Bruxaria são muito diferentes entre si, porém, todas possuem rituais que celebram o aspecto cíclico da natureza. Essas celebrações estão ligadas ao calendário agrícola dos nossos ancestrais, o clima e suas similaridades possuíam padrões que determinavam épocas favoráveis ao plantio e a colheita.

A Roda do Ano compreende um ciclo que a natureza passa e que reflete em todos nós, tanto por fora quanto por dentro. Assim como a Lua, que era venerada pela sua ajuda no sustento e na manutenção da vida e vista como a "luz da noite", e como o Sol, que trazia a bênção do dia para as caçadas e as colheitas. Nossos ancestrais, observando a Lua, questionavam por que as marés variavam conforme seus ciclos e por que as mulheres não grávidas da comunidade sangravam juntas em uma determinada fase lunar.

Assim, como forma de marcar a entrada e ou saída desses ciclos, foram criadas celebrações e ou festivais para pedir aos Deuses que abençoassem as sementes e os campos e para que houvesse fartura e saúde, levando em conta o caráter cíclico das estações.

Celebrações Lunares e Ciclos de Renovação

As celebrações da Lua são chamadas de "Esbats". A Lua mostra que o que nasce cresce, o que cresce míngua e o que míngua renasce: plantio – crescimento – colheita, concepção – gestação – nascimento. A Lua mostra que tudo que existe deixa de existir, mas que retorna de alguma forma.

Na Bruxaria Natural celebramos os Esbats, mas não existe uma regra para isso, você pode celebrar todas as fases ou apenas uma, tudo vai depender do seu caminho mágico.

Sua celebração pode ter a finalidade de contemplar, receber suas energias, fazer um pedido, agradecer, canalizar sua energia para uma poção, um amuleto ou para o que você quiser celebrar, não precisando ser necessariamente um Ritual.

As Luas cheias que acontecem durante o ano possuem energias específicas e especiais, elas recebem influências dos Sabbats que ocorrem durante o ano. O foco deste livro é na Roda do Ano do Hemisfério Sul, especificamente nas celebrações do Brasil, de acordo com a natureza do nosso país. Algumas Tradições preferem manter as referências do Hemisfério Norte, onde a Roda do Ano foi criada.

Particularmente, eu acho confuso celebrar uma estação na qual não estamos inseridos. Tudo, desde o clima, até as plantas, ervas, grãos e frutos, correspondem à estação em que vivemos. Celebrar o inverno no nosso verão, por exemplo, para mim não faz muito sentido, mas é uma escolha pessoal de cada um.

No nosso hemisfério, a Lua de Janeiro tem relação com o Sabbat de Lammas, também conhecido como Lughnasadh, celebrado em 1º de fevereiro. No Hemisfério Norte, esta celebração ocorre em 1º de agosto. Esta Lua tem ligação com as energias que estão pairando no local que você mora, no nosso caso, o Hemisfério Sul.

Lua de Janeiro – A Lua dos Sonhos

Entre o início do verão (Litha) e a primeira colheita (Lammas), encontra-se o período conhecido como a "Lua dos Sonhos". Este momento é marcado pela atmosfera da colheita iminente, quando nos preparamos para os frutos de nossas ações. É uma celebração voltada principalmente para a gratidão e a prosperidade.

Outros nomes: Lua de Sangue, Lua da Bênção, Lua do Fanfarrão, Lua do Feno

Flores: angélica, azaleia, antúrio, áster, cáspia, cravina, amor-perfeito, magnólia, mimosa, papoula, petúnia, verbena

Frutas: goiaba, pêssego, pinha, pitaia, sapoti, cupuaçu, figo, jaca, marmelo, uva, tangerina

Hortaliças e ervas: alface, gengibre, salsa, pimentão-verde, jiló, quiabo, abobrinha, beterraba, berinjela

Pedras: ágata branca, pérola

Cor: prata

Divindades: Atena, Juno, Vênus, Holda, Hel, Khepri

Energia: esperança e preparação

Ritual da Lua dos Sonhos

Faça este ritual em um lugar onde você possa se deitar e de alguma forma observar o céu.

Material necessário

- Água
- Papel e caneta
- Ramos de trigo

Anote no papel tudo aquilo pelo qual deseja expressar gratidão e que vivenciou neste último ano. Agradeça a todos que fizeram parte de sua jornada, escrevendo seus nomes. Registre também as oportunidades que contribuíram para o seu crescimento. Dobre o papel como uma cartinha e coloque em seu altar.

Coloque o trigo sobre sua barriga enquanto estiver deitada, seja na cama ou olhando o céu pela janela – apague a luz para uma melhor visão. Converse com a Lua dos Sonhos, reconhecendo que a Deusa nesta noite está pronta para conceder um desejo seu, caso seja merecido.

Peça que ela deposite sobre o trigo as bênçãos do verão, para iluminar sua vida e ajudar nas oportunidades, permitindo que você realize seus sonhos. Guarde o trigo em seu altar até o outono.

Lua de Fevereiro – A Lua do Milho

Nesta Lua, celebramos não apenas a colheita abundante dos frutos que plantamos, mas também os laços preciosos que compartilhamos com nossos amigos e familiares. É um período expressivo, no qual dedicamos tempo para planejar o estudo da magia, refletir sobre nosso caminho mágico e reconhecer as áreas que podem necessitar de apoio ou aprimoramento. Além disso, esta fase é dedicada à purificação e cura, à medida que nos preparamos para receber as oportunidades e as bênçãos do novo ciclo que se inicia em nossa vida.

Outros nomes: Lua da Cevada, Lua da Disputa

Flores: amor-perfeito, angélica, boca-de-leão, áster, cáspia, gladíolo, carquilha, laços-espanhóis, magnólia, mimosa, papoula, petúnia, sempre-viva e cravina

Frutas: mamão formosa, melancia, pera nacional, carambola, figo, goiaba, pêssego, pinha, seriguela, pitaia, uva rubi

Hortaliças e ervas: abóbora seca, beterraba, gengibre, pimenta vermelha, quiabo, tomate, pimenta cambuci

Pedras: jaspe, ágata, olho de gato

Cor: amarelo

Divindades: Ganesha, Thoth, Hathor, Diana, Hekate, Nêmese

Energia: colheita e gratidão

Ritual da Lua dos do Milho

Material necessário

- Milho cozido, bolo ou outro alimento de milho
- Salada de frutas
- Trigo usado no Ritual da Lua de Janeiro
- Vinho ou suco de uva integral

Convide seus amigos e familiares, selecione uma música alegre ou prepare um jantar especial, deixe claro que é uma homenagem à amizade. Se não for possível um jantar, um lanche com bolo também é uma ótima opção. Durante o encontro, convide os presentes a compartilharem sobre o que são gratos em suas vidas.

Antes de preparar os alimentos, acenda uma vela verde e peça à Deusa que abençoe os ingredientes e alimentos, para que possam despertar a gratidão, cooperação e amor. Ao final, ofereça um galhinho de trigo para cada convidado guardar consigo, como símbolo de boa sorte e fartura.

Lua de Março – Lua da Colheita

Lua associada ao Sabbat de Mabon, a segunda colheita, também conhecida como "Lua das Ervas". Momento oportuno para refletir sobre o equilíbrio em nossa vida emocional e espiritual.

Como dizia Elis Regina "são as águas de Março fechando o verão", marcando o início da despedida desta estação. Para mim, essa Lua tem um significado especial, pois nasci em uma Lua cheia de março, o que torna tudo ainda mais mágico.

Outros nomes: Lua do Vinho, Lua do Canto, Lua do Esturjão

Flores: angélica, cravina, gipsófila, margarida, áster, cáspia, carquilha, laços espanhóis, papoula e petúnia

Frutas: banana nanica, banana maçã, caqui, kiwi, abiu, tamarindo, goiaba, pera nacional, maçã gala

Hortaliças e ervas: rúcula, salsa, berinjela japonesa, orégano, repolho, escarola, abóbora seca, beterraba, abóbora japonesa, abóbora d'água, espinafre, louro, mostarda

Pedras: crisólito, citrino

Cor: verde-escuro

Divindades: Deméter, Ceres, Ísis, Freya, Thoth

Energia: purificação e organização

Ritual da Lua da Colheita

A ideia de celebrar essas passagens energéticas é justamente compreender os ciclos da natureza e se conectar energeticamente com eles. Por isso, para o Ritual da Lua da Colheita, trago uma prática de interação com a natureza.

Vá para um lugar calmo, pode ser um banco de praça, o terraço da sua casa ou o quintal. Até o pátio do trabalho ou da faculdade/escola/trabalho serve. Reflita sobre como as energias estão fluindo. Nesta segunda colheita, estamos nos preparando para replantar nossas energias. Pergunte a si mesma: onde você vai investir seu tempo?

Com quais pessoas deseja cultivar uma relação afetiva? Como espera estar na colheita do ano que vem? Anote suas aspirações sem pressa. Permita-se sentir o pulsar das energias ao seu redor; afinal, tudo é um ciclo. Permita que seu ciclo anual seja vivenciado da melhor maneira possível.

Lua de Abril – Lua de Sangue

Também reconhecida como "Lua do Caçador", este período marcava o momento em que as pessoas que dependiam da terra para subsistência aproveitavam as condições ideais após a colheita para caçar e estocar alimentos para o inverno iminente. Energeticamente falando, é época para refletirmos sobre justiça, equilíbrio e harmonia.

Vale considerar que não basta apenas ter conhecimento para realizar práticas mágicas; é igualmente importante compreender como lidar com essas questões internamente. Tudo o que ressoa na natureza também ecoa dentro de nós, e é assim que podemos aproveitar as tônicas da natureza para dar um impulso em nosso desenvolvimento espiritual, elevando-o a oitavas superiores.

Outros nomes: Lua de Sangue, Lua da Queda das Folhas, Lua dos Dez Resfriados, Lua da Mudança de Estação

Flores: angélica, camélia, gipsófila, margarida, gladíolo, estrelícia, carquilha, laços espanhóis, papoula e petúnia

Frutas: uva rubi, pera, caqui, kiwi, figo, maçã gala, limão, abiu

Hortaliças e ervas: acelga, pepino, nabo, mandioca, batata-doce amarela, jiló, repolho, rúcula

Pedras: opala, turmalina, turquesa

Cor: verde-escuro

Divindades: Ishtar, Deméter, Lakshmi, Hathor

Energia: equilíbrio e justiça

Ritual de Lua de Sangue

Neste ritual, vamos honrar nossos ancestrais, o sangue que corre em nossas veias e a jornada que nos trouxe até aqui.

Material necessário
- Espelho
- Fogueira
- Fotos de entes queridos que já partiram
- Incenso de mirra e sândalo
- Pano para deitar
- Tambor ou instrumento parecido (opcional)
- Tinta de rosto

Com a fogueira acesa e as fotos cuidadosamente arranjadas por perto (certifique-se de não as queimar), entregue-se ao canto e à dança, utilizando seu instrumento ou simplesmente deixando-se levar pelos sons da noite. Não há necessidade de uma música específica; deixe seu corpo livre para balbuciar, imitar os sons da natureza ou simplesmente fluir com a energia do momento.

Sinta o calor da fogueira, pule, corra e absorva a energia da noite ao seu redor. Sentada ao lado da fogueira, converse mentalmente com seus entes queridos, expressando gratidão por tudo o que deseja. Acenda o incenso e coloque-o ao lado das fotos como uma oferenda.

Observe seu reflexo no espelho e perceba as semelhanças com as fotos dos seus ancestrais. Pegue a tinta e pinte seu rosto, permitindo que sua intuição guie suas escolhas. Seja um animal, solte sua selvageria ou simplesmente seja você mesma.

Após pintar o rosto, deite-se e reflita sobre si mesma, suas vidas passadas e a tendência humana para autodestruição. Medite sobre esses temas pelo tempo que julgar necessário.

Lua de Maio – Lua de Gelo

Também conhecida como "Lua da Geada", esta fase lunar é associada às cores prata, branca e azul-claro. A geada funciona como um cobertor protetor contra o frio e a neve, preservando a vida em um estado latente até a chegada da primavera.

Em maio, celebramos o Samhain no Hemisfério Sul, um momento de profunda conexão com o mundo astral. Nesse período, compreendemos a morte como um processo de transformação, não como um fim definitivo. Da mesma forma, a natureza se transforma durante o inverno, mas não perece. Durante esse tempo, trabalhamos a ideia de transformação e fortalecemos nossa conexão com a espiritualidade e os Deuses.

Outros nomes: Lua do Castor, Lua Negra, Lua do Nevoeiro, Lua de Luto, Lua Louca, Lua das Tempestades

Flores: amor-perfeito, angélica, azaleia, camélia, carquilha, crisântemo, gipsófila, laços espanhóis, margarida, papoula, petúnia, primavera, áster, cravina, cravo, cymbidium, gladíolo, estrelícia, tango e tulipa

Frutas: carambola, atemoia, laranja bahia, kiwi, tangerina poncã, graviola, pera, maçã, uva, ameixa, romã, caqui

Hortaliças e ervas: mostarda, rabanete, chuchu, jiló, mandioca, batata doce amarela, nabo, repolho, chicória, cará, inhame, mandioquinha

Pedras: topázio, lápis-lazúli

Cor: prata, branca e azul-claro

Divindades: Hekate, Bastet, Kali, Osíris

Energia: transformação

Ritual da Lua de Gelo

Material necessário
- ½ colher de artemísia
- 1 ametista
- 1 anis-estrelado
- 1 canela em pau
- 1 saquinho roxo

Nas noites de maio, prepare e tome o chá de artemísia antes de dormir. Em seguida, coloque o saquinho roxo contendo a ametista, o anis e a canela sob o travesseiro. Este ritual é destinado a fortalecer sua intuição e facilitar a comunicação com os Deuses.

Lua de Junho – Lua da Noite Longa

Conhecida também como "Lua do Carvalho", a Lua cheia de Yule marca a chegada do inverno no Hemisfério Sul. O carvalho é o símbolo deste período, sendo a madeira mais comumente queimada durante os Sabbats em suas fogueiras. Devido às noites mais longas que os dias neste período, a Lua cheia de Yule é frequentemente associada a essa árvore majestosa. No entanto, é importante notar que o nome da Lua cheia pode variar de acordo com tradições específicas, sendo "Lua do Carvalho" uma das designações comuns para esta fase lunar.

Originário do Hemisfério Norte e envolto em mistério, o carvalho é uma árvore de grande antiguidade e resistência, capaz de viver por mais de 1.000 anos. No Brasil, apesar de menos comum, o carvalho é conhecido por alguns nomes populares, como "carne-de-vaca", "caxuá" e "carvalho nacional".

Outros nomes: Lua Fria, Lua do Lobo, Lua da Longa Noite, Lua de Inverno

Flores: azaleia, camélia, gipsófila, margarida, amor-perfeito, crisântemo, petúnia, primavera, angélica, cymbidium, estrelícia e tulipa

Frutas: mexerica/tangerina, carambola, cupuaçu

Hortaliças e ervas: gengibre, salsa, louro, mandioca, mandioquinha, cará, inhame, rabanete, milho verde, alface, ervilha torta

Pedras: serpentina, peridoto

Cor: vermelho

Divindades: Hator, Hekate, Nit, Atena, Minerva, Ixchel, Osíris, Moira

Energia: renascimento

Ritual da Lua da Noite Longa

Material necessário

- Água
- Incenso de mirra
- Ramos de alecrim (eu os chamo de mini pinheiros)
- Sino
- Velas verde, vermelha e branca

Abra o Círculo Mágico ao redor de sua casa e acenda as velas no altar. Diga:

Nesta noite de Lua cheia, nesta noite de renascimento,
eu honro a Natureza em todas suas faces.
Ensine-me a respeitar os ciclos e as horas de todas as coisas.
Abençoa minha jornada.
Assim seja!

Acenda o incenso. Coloque o alecrim na água e diga:

Deusa da renovação,
Auxilie na purificação do meu lar
Abençoa esta água.

Converse com o elemental do alecrim, solicitando suas bênçãos para purificar sua casa e seu corpo, renovando as energias ao seu redor. Coloque um galhinho de alecrim na água e vá espalhando pelos cômodos, pelas paredes e pelo chão.

Retorne ao altar, acenda o incenso e percorra todos os cômodos da casa. Em seguida, pegue a vela branca e passe novamente pelos cômodos. Por fim, utilize o sino, caminhando pela casa e fazendo-o soar para purificar e limpar o ambiente. Se não tiver um sino, utilize algo que produza um som similar.

Deixe o alecrim na água sob a luz da lua. No dia seguinte, utilize essa água para um banho. Encerre o Círculo Mágico.

Lua de Julho – Lua do Lobo

Já atravessamos a noite mais longa do ano e emergimos mais fortes, sem temer a escuridão.

O Lobo é um animal que mesmo nas noites mais escuras possui sentidos maravilhosamente apurados. Eles se protegem, em matilha, onde um cuida do outro. Por isso, nesta Lua, reunimos nossa matilha, seja em grupo, seja em família.

Outros nomes: Lua Calma, Lua da Neve, Lua Fria, Lua Casta

Flores: crisântemo, gipsófila, margarida, angélica, cymbidium, goivo, tulipa, amor perfeito, petúnia e primavera

Frutas: atemoia, carambola, mexerica, morango, tangerina

Hortaliças e ervas: agrião, brócolis, cará, couve, hortelã, ervilha, inhame, louro, mandioca, mandioquinha, moiashi, mostarda, nabo, rabanete

Pedras: ônix

Cor: branco

Divindades: Freya, Sarasvati, Hera, Inanna

Energia: união

Ritual da Lua do Lobo

Material necessário

- Altar previamente decorado
- Incenso de rosa branca
- Local ao ar livre
- Use frutas ou carne (seu banquete ritual)
- Velas brancas ou prata para fazer um Círculo, seja ao redor do Caldeirão ou do próprio Círculo
- Vinho ou leite

Abra o Círculo, erga as mãos para o céu e chame a presença da Deusa Lua. Peça para que ela esteja presente e abençoe este ritual. Vamos nos conectar com nosso Lobo interior.

Sente-se confortavelmente e direcione seu olhar para a Lua, ou, caso ela não esteja visível, visualize-a mentalmente. Deixe seu corpo fluir ao ritmo de uma música que o conecte com a energia dos lobos. Quando sentir a conexão, forme um triângulo com as mãos e olhe através dele para a Lua, apenas absorvendo a energia sem a necessidade de palavras. Coloque então o triângulo na testa, permitindo que a energia lunar entre e percorra sua mente e pensamentos. Sinta a paz interior se estabelecer enquanto a energia lunar flui por todo o seu corpo.

Agora, desfrute da ceia consagrada pelos Deuses, comendo e bebendo com gratidão. Separe uma porção em honra aos Deuses e deixe-a no altar por pelo menos três horas, ou até que as velas se apaguem, como símbolo de sua conexão e reverência.

Lua de Agosto – Lua da Tempestade

Como o próprio nome sugere, a Lua de Agosto, também chamada de "Lua da Tempestade", traz consigo a previsão de intensas chuvas e temporais. Essas condições climáticas preparam o terreno para ser fertilizado, acolhendo a nova vida prestes a brotar. Essa conexão entre o Esbats e o Sabbat de Imbolc evidencia a harmonia entre os ciclos lunares e os festivais sazonais, ressaltando a importância da renovação e do ciclo contínuo de vida e morte na natureza.

Outros nomes: Lua da Fome, Lua Selvagem, Lua Vermelha

Flores: begônia, crisântemo, margarida, verbena, copo-de-leite, girassol, goivo, íris, oncidium, tulipa, amor-perfeito, anêmona, gipsofila, primavera e sempre-viva

Frutas: abiu, atemoia, carambola, laranja, mamão, maracujá, mexerica, morango, sapoti

Hortaliças e ervas: agrião, brócolis, cará, catalunha, coentro, couve, erva-doce, espinafre, hortelã, mostarda, orégano, repolho

Pedras: ametista, jaspe

Cor: violeta

Divindades: Brigite, Juno, Diana, Deméter, Perséfone, Afrodite

Energia: purificação

Ritual da Lua da Tempestade

Deixe que as chuvas lavem tudo o que não serve mais, renovando suas energias para um novo ciclo de crescimento e renascimento.

Material necessário

- 3 velas brancas
- Altar previamente decorado
- Caldeirão com água
- Ceia
- Flores para a Deusa
- Incenso para o Deus

Trace o Círculo Mágico com firmeza. Felicite a Deusa com reverência, entregando-lhe as flores como símbolo de gratidão. Em seguida, cumprimente o Deus, oferecendo-lhe o incenso que perfuma o ar e presta homenagem à sua força vital. Por fim, agradeça-lhes pelo ciclo contínuo, pela fertilidade generosa e pela dádiva preciosa da vida.

A União sagrada Divina
nos proporciona a vida,
a natureza se prepara para renascer,
ajudem-me a buscar forças
mesmo quando eu mesma não sinto que tenha.
Renovem minha esperança,
renovem minha vida,
retirem tudo que não preciso mais,
para que o novo também renasça em mim.

Acenda as velas enquanto diz:

Chama maravilhosa do amor, avivai meus fogos sagrados,
para que minha consciência desperte.

Sente-se perto do Caldeirão, idealmente com a Lua à vista, e visualize sua luz envolvendo o recipiente, banhando-o em sua luminosidade. Concentre-se no Caldeirão e diga:

Abençoada água divina,
recebo este ato para minha redenção
fonte de vida e amor-perfeito,
eu, como sua filha, peço que ela me conceda
a sua proteção divina!

Pegue um pouco de água com as mãos e derrame sobre sua cabeça. Em seguida, com os dedos molhados, trace um Pentagrama na sua testa, peito, ventre e nuca. Após este gesto, faça sua ceia, reservando uma parte como oferenda no altar. Deixe a oferenda no altar até que as velas se apaguem ou por no máximo 3 horas, enquanto agradece a presença dos Deuses.

Lua de Setembro – Lua do Corvo

Sinto uma afinidade especial com esta Lua, talvez até mais do que com a Lua de março. Costumo pensar nela como a "Lua das Ilusões", os corvos da mente. Neste momento, é fundamental olharmos além do que nossos olhos podem ver. Para alcançar um crescimento genuíno, precisamos desfazer as ilusões e encarar a verdade. Alguns a chamam de "Lua dos Ventos", pois é tempo de afastar e dissipar o que já não nos serve mais.

Outros nomes: Lua dos Ventos, Lua do Arado, Lua do Verme, Lua da Seiva

Flores: amor-perfeito, begônia, boca-de-leão, gardênia, gipsófila, margaridinha, primavera, copo-de-leite, estátice, frésia, girassol, goivo, íris, oncidium, tulipa, açucena, anêmona, campainha, miosótis, sempre-viva e verbena

Frutas: caju, graviola, jabuticaba, sapoti, tamarindo, acerola, abiu

Hortaliças e ervas: agrião, alcachofra, almeirão, aspargos, brócolis, chuchu, coentro, erva-doce, fava, hortelã, mostarda, palmito

Pedras: água-marinha

Cor: verde

Divindades: Hekate, Cibele, Atena, Minerva, Artemis, Luna

Energia: visão

Ritual da Lua dos Corvos

Material necessário

- Athame ou varinha (melhor athame)
- Frutas e pães
- Incenso de alfazema, hortelã ou jasmim
- Um cálice com água
- Um cálice com vinho
- Uma vela branca
- Uma vela negra
- Venda para os olhos

Abra o Círculo Mágico e acenda o incenso para purificar o espaço. Sente-se com o athame à sua frente e feche os olhos. Se tiver algum contato com uma divindade específica, convide-a para se juntar a você. Pessoalmente, tenho conexão com o Deus Loki, mas você pode simplesmente sintonizar-se com a energia da Lua. Diga:

É assim que me encontro,
sem visão e sem rumo, na escuridão cósmica.
Mas para continuar minha jornada
tenho que ver o caminho a minha frente,
então que eu veja agora o que não podia ver antes.

Respire profundamente. Mantenha-se receptiva e pronta para as imagens que fluem em sua mente, esteja disponível para receber uma visão ou intuição. Quando sentir que teve experiência suficiente, segure o athame e erga-o para o céu enquanto permanece sentada, e então diga:

O athame representa a mente, o vento, o pensamento.
Que minha mente possa retirar a venda espiritual
que me impede de crescer.

Pegue o athame e, com cuidado, levante a venda. Em seguida, acenda a vela preta e diga:

Como esta vela queima
se dissipam meus medos e ilusões.

Acenda a vela branca e diga:

Assim como esta vela queima
A luz astral se faz presente em minha jornada.

Coloque a taça com água ao lado da sua mão de poder (a mão que você escreve), mentalizando muita luz e energias benéficas de purificação. No outro lado, coloque a taça com vinho, simbolizando o poder e a energia vital, como se a sua própria vida estivesse naquele cálice.

Agora, beba a água, sentindo que ela purifica seu corpo por onde passa, reservando uma parte para os Deuses. Em seguida, tome o vinho e também reserve uma parte aos Deuses. Sinta o fluido energizando seu corpo, irrigando suas veias e alimentando seu espírito. Acompanhe o momento com música, coma, dance! Celebre mais este ciclo que se encerrou e o outro que se iniciou! Você está mais forte agora!

Ao concluir, agradeça e encerre o Círculo, deixando a parte reservada aos Deuses até as velas se apagarem.

Lua de Outubro – Lua da Semente

Nesta fase lunar, as sementes começam a germinar, momento ideal para direcionar essa energia e concentrar-se em novos projetos. A estação está repleta de fertilidade, pronta para germinar as sementes do futuro – as sementes da criatividade e das ideias. Durante este período, podemos explorar rituais de cura, fertilidade e prosperidade.

Outros nomes: Lua da Raposa, Lua Rosa, Lua do Plantio, Lua da Grama Verde, Lua do Plantador

Flores: açucena, begônia, gardênia, margaridinha, miosótis, sempre-viva, áster, copo-de-leite, girassol, lírio branco, tulipa, verbena

Frutas: acerola, caju, banana prata, laranja lima, maracujá azedo, nêspera, laranja pera

Hortaliças e ervas: agrião, alcachofra, almeirão, chuchu, couve flor, louro, manjericão, mostarda, rúcula, nabo

Pedras: rubi, granada

Cor: dourado

Divindades: Kali, Hathor, Ceres, Ishtar, Vênus, Bastet

Energia: gestação/criação

Ritual da Lua da Semente

Material necessário
- Alpiste
- Arroz
- Feijão
- Garrafa de vidro limpa e seca
- Lentilha
- Milho
- Sementes de girassol
- Vela branca
- Vela dourada

Abra o Círculo Mágico. Acenda a vela branca e convide a presença da Deusa em seu arquétipo maternal. Enquanto coloca as sementes na garrafa, converse com a Deusa e solicite prosperidade para sua casa nos próximos meses. Intercale as sementes, adicionando um pouco de cada uma para criar várias camadas.

Acenda a vela dourada e faça uma prece para que sua casa seja sempre abençoada com prosperidade. Em seguida, feche bem a garrafa e sele-a pingando cera da vela dourada na tampa para evitar a entrada de ar. Permita que as velas queimem até o fim, desfaça o Círculo Mágico e agradeça à Divindade. Por fim, coloque sua garrafa na cozinha.

Lua de Novembro – Lua da Lebre

Como esta Lua ocorre durante o Sabbat de Beltane, não é difícil entender o motivo de seu nome. O momento é de celebrar a vida e fortalecer nosso contato com a espiritualidade. Este Sabbat celebra a união das energias dos Deuses, simbolizando o amor. Portanto, é uma oportunidade para realizar rituais de amor-próprio, autoaceitação e cura das feridas do coração, trabalhando as cicatrizes emocionais.

Outros nomes: Lua Alegre, Lua Brilhante, Lua de Flor, Lua das Rãs

Flores: amor-perfeito, gardênia, hortênsia, lírio, margaridinha, verbena, anêmona, miosótis, petúnia, sempre-viva, antúrio, áster, gérbera

Frutas: abacate, acerola, abacaxi, banana prata, graviola, jaca, coco, maçã fuji

Hortaliças e ervas: hortelã, manjericão aspargo, quiabo, almeirão, cenoura, pepino, erva-doce, espinafre, nabo, rabanete

Pedras: esmeralda, malaquita

Cor: rosa

Divindades: Vênus, Afrodite, Maia, Bastet, Diana, Artemis, Pan

Energia: vida

Ritual da Lua da Lebre

Material necessário

- Fitas de cetim com tons de rosa e branco
- Flores rosas ou branca
- Incenso de rosas
- Maçãs e morangos
- Mel
- Um cristal de quartzo-rosa
- Velas brancas e rosas
  (quantidade que deixe o ambiente aconchegante)

Acenda as velas e o incenso. Você pode optar por trabalhar com uma Deusa do amor e da fertilidade, invocando-a, ou pode simplesmente direcionar suas intenções para as energias da fertilidade e da beleza. O exemplo a seguir, é uma celebração com Afrodite.

Jogue o mel sobre as frutas e diga:

Nesta Lua de amor
peço mais doçura na minha vida, mais amor e carinho.
Que o sabor da felicidade contemple os meus dias.

Coma uma fruta. Em seguida, reúna todas as fitas, dando um nó firme para unificá-las.

Eu firmo com fé o amor.
Eu sou o amor, Eu sou a beleza.

Guarde as fitas em seu altar. Pegue o cristal e diga:

Ajude-me a ver a beleza em mim,
a me amar como eu mereço e como deve ser.

Guarde o cristal em seu altar. Ao concluir o ritual, mantenha-o sempre consigo. Separe uma parte das frutas para a Deusa e saboreie a sua parte. Deixe a oferta no altar até que as velas se apaguem. Encerre o Círculo e agradeça à Deusa.

Lua de Dezembro – Lua Brilhante

Na última Lua do ano, refletimos os poderes dos Deuses. Em Litha, à medida que o verão se aproxima, somos imersos na exuberância da natureza, onde cada folha e cada raio de sol resplandecem vida e energia renovada. Momento oportuno para fortalecer nossa essência, cultivar a prosperidade que floresce em nosso caminho, irradiar nosso brilho pessoal como estrelas no firmamento e garantir proteção sob o manto celestial que nos abraça.

Outros nomes: Lua de Morango, Lua dos Cavalos, Lua dos Amantes, Lua do Sol, Lua do Mel, Lua de Litha, Lua da Gordura

Flores: amor-perfeito, angélica, azaleia, boca-de-leão, gardênia, lírio, miosótis, papoula, petúnia, sempre-viva, verbena, antúrio, áster, cáspia, crisântemo, gérbera, girassol

Frutas: manga, mangostão, maracujá doce, melancia, melão, nectarina, melão, romã

Hortaliças e ervas: coentro, rúcula, salsa, salsão, aspargos, brócolis, maxixe, pepino japonês, palmito, rabanete, erva-doce, manjericão, hortelã, mostarda, nabo

Pedras: topázio, ágata

Cor: laranja

Divindades: Ísis, Nuit, Homem Verde, Ishtar

Energia: plenitude

Ritual da Lua Brilhante

Material necessário
- Canela, cravo, louro e gengibre em pó
- Glitter dourado
- Papel, caneta
- Potinho para armazenar
- Potinho para misturar os ingredientes
- Talco branco
- Vela dourada

Faça o Círculo Mágico e chame pelo Deus Sol, acendendo a vela dourada. Peça que sua luz ilumine sua vida e esteja presente em seu ritual. Em seguida, coloque em partes iguais todos os ingredientes no potinho. Com o dedo indicador da sua mão dominante (a mão que você escreve), misture até ficar bem homogêneo. Levante o potinho para o céu:

Lua cheia Brilhante,
Tu que reflete o sol do verão,
abençoa este pó mágico,
materializando as energias de brilho pessoal,
prosperidade e proteção.

Escreva no papel:
Brilho Pessoal, Prosperidade, Proteção!

Coloque o papel dobrado cuidadosamente no vidrinho de armazenamento e complete com o pozinho preparado. Solicite a bênção e a consagração do Deus Sol sobre o conteúdo. Quando a chama da vela se extinguir, seu encantamento estará completo e o conteúdo estará pronto para ser utilizado sempre que necessário.

Como vimos, na prática da Bruxaria e da espiritualidade Pagã, a Roda do Ano é uma representação dos ciclos sazonais da natureza, composta por dois elementos principais: os Esbats e os Sabbats. Os Esbats estão relacionados com as fases da Lua e são frequentemente celebrados mensalmente, enquanto os Sabbats marcam os momentos significativos do ano, como os solstícios e equinócios, além de outras datas importantes.

Dada a sua profunda importância e a riqueza de detalhes que envolvem as celebrações dos Sabbats, optei por dedicar um capítulo exclusivo a eles neste livro. Este capítulo permitirá uma consulta prática e rápida sobre cada Sabbat, fornecendo informações essenciais sobre suas origens, significados, rituais associados e práticas comuns. Acredito que essa abordagem oferecerá aos leitores uma compreensão mais aprofundada e uma experiência mais enriquecedora ao explorar os rituais e tradições dos Sabbats ao longo do ano.

CAPÍTULO 10

Os Sabbats

Na Roda do Ano, podemos observar as oito celebrações da natureza que estão ligadas aos nossos ciclos internos e pessoais que vão além da natureza. Uma ligação real entre os eventos sazonais, celestiais, comunais, criativos e pessoais.

Quando a estação muda, despertamos um poder interior que podemos usar para curar, transformar e renovar tanto dentro como fora de nosso corpo. Ao comemorar um Sabbat, vamos refletir sobre essa conexão da natureza em nós, sentindo seu fluxo e as mudanças que a natureza acaba trazendo para nossa vida.

Os Sabbats são divididos em oito períodos de transição energética que, por sua vez, são divididos em dois grupos:

Sabbats Maiores

- **Samhain:** estamos no meio do outono, começamos a preparação para o inverno que vai chegar.
- **Imbolc:** é o meio do inverno, os primeiros sinais da primavera.
- **Beltane:** estamos em pleno florescimento da primavera.
- **Lammas:** chegou a hora da colheita de grãos, estamos no meio do verão.

Sabbats Menores

- **Yule:** é chegado o Solstício de Inverno, marcando o renascimento do sol e o início dos dias mais longos. Momento de renovação e partilha.
- **Ostara:** estamos no Equinócio da Primavera, celebrando o retorno da luz e o despertar da natureza. Momento de florescimento, renovação e celebração da vida.
- **Litha:** celebrado no Solstício de Verão, o auge do sol e da fertilidade da natureza. Momento de celebração, colheita e alegria pela luz e calor abundantes.
- **Mabon:** o Equinócio de Outono celebra a abundância, a reflexão e o agradecimento pela generosidade da Terra. Momento de gratidão pela colheita e equilíbrio entre luz e escuridão.

Esses festivais sazonais marcam os pontos cruciais do ano no calendário Pagão, desempenhando um papel significativo nas tradições espirituais e mágicas em todo o mundo. No entanto, uma complexidade emerge quando consideramos as diferenças entre os Hemisférios Norte e Sul, onde as estações ocorrem em momentos opostos. Essa disparidade cria uma discrepância nas experiências e práticas associadas a cada Sabbat, gerando uma confusão que desafia até mesmo os praticantes mais experientes.

O Equinócio de Primavera, por exemplo, é celebrado como "Ostara" no Hemisfério Norte, marcando o renascimento da natureza e o florescimento da vida. No entanto, no Hemisfério Sul, nesta mesma data é celebrado Mabon, um momento de colheita e reflexão, quando a natureza se prepara para entrar no ciclo do outono. A contradição se estende a outros Sabbats, como Litha, que representa o auge do verão no Hemisfério Norte, mas no Hemisfério Sul coincide com o Solstício de Inverno.

Essa dicotomia tem implicações significativas nas práticas mágicas e rituais associados a cada Sabbat. Enquanto um Sabbat no Hemisfério Norte pode ser permeado por temas de crescimento, fertilidade e luz, seu equivalente no Hemisfério Sul pode refletir a colheita, a introspecção e a conexão com o mundo espiritual. Isso desafia a simplicidade de aplicar diretamente as correspondências tradicionais de cada Sabbat de uma região para a outra.

No entanto, essa divergência sazonal também oferece uma rica oportunidade para uma compreensão mais profunda da magia sazonal e da conexão com a terra. Os praticantes podem abraçar a dualidade sazonal, reconhecendo e honrando as especificidades de cada Hemisfério. Isso implica uma maior flexibilidade nas correspondências simbólicas, permitindo que a magia seja adaptada às estações locais e ao ciclo da natureza na região específica.

A convivência com essa complexidade pode ser enriquecedora, proporcionando uma perspectiva global sobre as práticas mágicas. Os praticantes podem aproveitar a oportunidade para explorar as diferenças e semelhanças entre os Sabbats nos dois hemisférios, integrando elementos de ambas as tradições em suas práticas. Isso não apenas promove uma abordagem mais holística à espiritualidade, mas também fortalece a conexão com a terra e seus ciclos, independentemente do hemisfério em que se encontrem.

Em última análise, a confusão sazonal entre os Sabbats nos Hemisférios Norte e Sul é uma oportunidade para expandir a compreensão mágica, adaptando-se à riqueza da diversidade sazonal do Planeta. Ao reconhecer e explorar as nuances de cada hemisfério, os praticantes podem aprofundar sua conexão com a natureza e desenvolver práticas mágicas mais autênticas e significativas.

Veja a seguir um comparativo entre os hemisférios em relação aos Sabbats. Ao observar esses paralelos, é evidente como os Sabbats nos dois hemisférios representam não apenas as estações opostas, mas também a diversidade de experiências e tradições associadas a cada celebração. Essa dualidade oferece aos praticantes a oportunidade de explorar uma variedade de simbolismos, rituais e conexões com a natureza ao longo do ano.

Samhain (Hemisfério Norte) | **Beltane (Hemisfério Sul):**

31 de outubro e 1º de novembro – Samhain, no Hemisfério Norte, o Ano Novo Pagão, um período associado à morte, ancestralidade e introspecção. Estamos no meio do outono.

31 de outubro e 1º de novembro – Beltane, no Hemisfério Sul, momento de celebrar a fertilidade, o florescimento da natureza e a vida. Estamos em plena primavera.

Yule (Hemisfério Norte) | **Litha (Hemisfério Sul):**

20 a 23 de dezembro – Yule, no Hemisfério Norte, representa o Solstício de Inverno, um momento de renascimento da luz e celebração do retorno do sol.

20 a 23 de dezembro – Litha no Hemisfério Sul. Neste período, ocorre o Solstício de Verão, marcando o início do verão e dias mais longos.

Imbolc (Hemisfério Norte) | Lammas (Hemisfério Sul):

1 e 2 de fevereiro – Imbolc, no Hemisfério Norte, é tempo de purificação e despertar da natureza após o inverno.

1 e 2 de fevereiro – Lammas, no Hemisfério Sul, o início da colheita, representando a abundância e o agradecimento pela fertilidade da terra. Estamos no meio do verão.

Ostara (Hemisfério Norte) | Mabon (Hemisfério Sul):

20 a 23 de março – Ostara, no Hemisfério Norte, celebra o Equinócio de Primavera, marcando o renascimento da natureza e a chegada da luz.

20 a 23 de março – Mabon, no Hemisfério Sul, ocorre durante o Equinócio de Outono, representando a colheita e o agradecimento pelas bênçãos recebidas.

Beltane (Hemisfério Norte) | Samhain (Hemisfério Sul):

30 de abril e 1º de maio – Beltane, no Hemisfério Norte, celebra a fertilidade, a união sagrada e a exuberância da natureza em pleno florescimento.

30 de abril e 1º de maio – Samhain, no Hemisfério Sul, coincide com o início do outono e representa um período de conexão com os antepassados, morte simbólica e renovação espiritual.

Litha (Hemisfério Norte) | Yule (Hemisfério Sul):

20 a 23 de junho – Litha, no Hemisfério Norte, marca o Solstício de Verão, um momento de luz máxima, celebração e atividades ao ar livre.

20 a 23 de junho – Yule, no Hemisfério Sul, ocorre durante o Solstício de Inverno, representando a renovação da luz e a celebração da promessa do retorno do sol.

Lammas (Hemisfério Norte) | Imbolc (Hemisfério Sul):

31 de julho e 1º de agosto – Lammas, no Hemisfério Norte, celebra a primeira colheita e a partilha dos frutos do trabalho.

31 de julho e 1º de agosto – Imbolc, no Hemisfério Sul, é um período de purificação, luz crescente e preparação para a chegada da primavera.

Mabon (Hemisfério Norte) | Ostara (Hemisfério Sul):

20 a 23 de setembro – Mabon, no Hemisfério Norte, ocorre durante o Equinócio de Outono, marcando o agradecimento pelas colheitas e o equilíbrio entre luz e escuridão.

20 a 23 de setembro – Ostara, no Hemisfério Sul, representa o Equinócio de Primavera, celebrando o renascimento da natureza e o aumento da luz solar.

Em anos de práticas voltadas à Bruxaria Natural e a Roda do Ano, já vi muitas pessoas debatendo sobre este assunto. Qual caminho seguir? Alguns praticantes podem optar por seguir as tradições do Hemisfério Norte devido à influência predominante de materiais e recursos provenientes dessas regiões. Outros, no entanto, escolhem ajustar seus rituais e celebrações para se alinhar com as estações do Hemisfério Sul, reconhecendo as nuances sazonais locais.

A prática Pagã e Wiccaniana é bastante diversificada e as preferências individuais são moldadas por uma variedade de fatores. Além disso, como as Tradições Pagãs muitas vezes enfatizam a conexão com a natureza e a liberdade de expressão espiritual, muitos praticantes adaptam suas celebrações de acordo com as estações e contextos locais.

Tente não se preocupar muito com isso e escolha aquilo que serve melhor para você. Lembrando que, a estação do ano e as características de cada Sabbat não mudam, o que muda é a posição de cada hemisfério na Roda, ou seja, sua data e costumes sazonais.

Vamos agora ver com mais detalhes cada um dos Sabbat e suas correspondências.

Samhain – Meio do Outono

30 de abril e 1º de maio (Hemisfério Sul)
31 de outubro e 1º de novembro (Hemisfério Norte)

Chegou o Ano Novo Pagão!

Estamos entre o outono e o inverno, prestes a iniciar nossa jornada novamente. Assim como na Lua Negra, momento em que estamos mais pensativos e imersos em nossos pensamentos, em Samhain ficamos inclinados a meditação e com facilidade para nos conectarmos com a energia dos nossos antepassados e de todos aquelas pessoas que amamos e já partiram, pois é uma época em que o "véu entre os mundos" se torna mais tênue. No Hemisfério Norte, Samhain também ficou conhecido como a *Noite de Todos os Santos* ou *Halloween*. No Hemisfério Sul, não há uma celebração diretamente correspondente nesta época, mas eventos culturais como festivais de outono podem compartilhar semelhanças temáticas.

Energias de Samhain

Samhain é um dos Sabbats mais significativos energeticamente, pois trata do início do ciclo de recolhimento. Um festival ancestral de honra aos antepassados, uma conexão com o além que marca a transição do verão para o inverno, destacando-se pela celebração da escuridão e pela reflexão sobre a vida e a morte. Seu ponto mais enérgico é o momento exato do pôr do sol, quando se inicia o festival e as fronteiras entre o mundo dos vivos e o mundo espiritual se tornam mais tênues. Essa transição marca o ápice da energia, permitindo uma conexão mais forte com os ancestrais e facilitando práticas de comunicação com o além e rituais de honra aos que partiram.

O que trabalhar durante Samhain

As energias estão se recolhendo, a natureza não está morrendo, ela está se preparando para se renovar, por isso a morte é um tema muito trabalhado nessa estação. Samhain é um momento propício para diversos trabalhos espirituais e emocionais. É uma oportunidade para honrar os antepassados, reconectar-se com o mundo espiritual e refletir sobre o ciclo da vida e da morte. Durante esse período, pode-se trabalhar o respeito aos que partiram, celebrar a sabedoria ancestral, realizar rituais de proteção e limpeza espiritual, além de buscar autoconhecimento e renovação pessoal para o próximo ciclo. É uma época de transição e introspecção, onde a energia é direcionada para a transformação, a cura e a conexão com o divino e o ancestral.

Celebrando Samhain

Assim como nas fases da Lua, os três primeiros dias de um Sabbat são os mais fortes energeticamente. As energias do Sabbat devem ser trabalhadas durante todo o tempo de sua duração, cada dia o sol está em uma posição diferente, ou seja, com uma energia diferente. Para celebrar o Samhain, é possível realizar uma série de atividades significativas. Isso inclui a montagem de um altar para os antepassados, com fotos e itens simbólicos; preparar uma refeição tradicional com alimentos da estação; realizar rituais de honra aos que partiram, acendendo velas e fazendo oferendas; praticar adivinhação ou leituras de tarô para orientação espiritual; criar um espaço sagrado ao ar livre para meditação e reflexão e participar de cerimônias comunitárias, compartilhando histórias e lembranças dos entes queridos. Celebrar o Samhain é uma oportunidade de conexão espiritual, introspecção e celebração da sabedoria ancestral.

Altar de Samhain

No altar de Samhain são dispostos elementos simbólicos que honram os ancestrais e marcam a transição entre os mundos. Fotos ou objetos representativos dos antepassados são colocados para lembrar e homenagear aqueles que partiram. Velas em tons de preto, laranja ou roxo representam a jornada espiritual, enquanto símbolos sazonais como abóboras e folhas secas simbolizam a colheita e a conexão com a natureza. Cristais de proteção, ervas purificadoras e objetos de adivinhação também são dispostos, criando um espaço sagrado para comunicação espiritual, reflexão e gratidão durante o Samhain. Coloque maçãs, romãs, abóboras e outros frutos do fim do outono. Flores outonais como madressilva e crisântemos também são indicadas.

No meio do altar, coloque um pedaço de papel escrito com um aspecto de sua vida do qual deseja se livrar, um sentimento negativo ou um hábito ruim, doenças, etc. O Caldeirão deve estar presente no altar.

Elementos de Samhain

A ambientação é importante para entrarmos em contato com o simbolismo do ritual. Para nos conectarmos com as energias do Meio do Outono, devemos colocar elementos que representam este período do ano. Veja algumas sugestões:

- **Alimentos:** abóboras, maçãs, nozes, sementes de abóbora, batatas, cenouras, bolos e pães de outono, pratos à base de maçã, cidra de maçã, alimentos condimentados com canela e noz-moscada e alimentos que representam a transição para o inverno.
- **Cores:** preto, laranja e roxo, capturam a essência da transição entre os mundos. O preto simboliza o mistério e a escuridão, o laranja representa a colheita e a vitalidade da abóbora, enquanto o roxo evoca a magia e a conexão espiritual. Essas cores, presentes em decorações, vestimentas e altares, refletem a rica energia espiritual do Samhain. Use fitas coloridas para decorar com as cores do Sabbat.
- **Ervas:** alecrim, calêndula, sálvia, folhas e cascas, camomila, girassol, trigo, folhas de carvalho, maçã ou semente de maçã.
- **Flores:** crisântemos, dálias, asters, cravos: lírios, alfazema e outras flores de outono.

- **Incensos:** canela, alecrim, olíbano, junípero, mirra, sálvia, calêndula ou maçã.
- **Pedras e cristais:** âmbar, ágata, cornalina, citrino, topázio amarelo, peridoto, olho de tigre, ouro.
- **Símbolos:** abóboras, lanternas de abóbora, velas, fogueiras, caldeirão, caveiras, ossos, folhas secas, ramos de outono, maçãs, nozes, máscaras, disfarces, símbolos da lua, espantalhos, criaturas místicas.
- **Velas:** em tons de preto, laranja e roxo, canalizam a energia espiritual e a transição entre os mundos. O preto representa a sabedoria ancestral e o mistério, o laranja simboliza a luz do fogo sagrado e a vitalidade, enquanto o roxo evoca a conexão mágica com os antepassados. Essas velas são essenciais nos rituais de Samhain, facilitando a comunicação espiritual e honrando os que partiram.

Ritual de Samhain

Realizar um ritual de Samhain é crucial para honrar os antepassados, fortalecer a conexão com o mundo espiritual e marcar a transição entre os ciclos. Este ritual permite expressar gratidão pela colheita, refletir sobre a vida e a morte, promover a cura emocional e estabelecer uma ponte entre o passado e o presente. É uma oportunidade de renovação espiritual e de reconexão com a sabedoria ancestral, facilitando a transição para o novo ciclo que se inicia.

- Óleo de Samhain
- 20% essência de alecrim (não é óleo essencial)
- 40% óleo de amêndoa doce
- 40% óleo de lavanda
- Frasco de conta-gotas escuro

Vamos usar o óleo mineral como base para fazer a mistura. A quantidade vai variar de acordo com o tamanho do frasco. A cada 100 ml, 40%, o que equivale a 40 ml. Coloque todos os ingredientes no frasco, agite bem e está pronto.

Material necessário para o ritual
- 1 maçã
- 1 vela preta
- Ceia ritual
- 1 vela laranja
- 1 vela roxa

Abra o Círculo Mágico e acenda as velas. Chame pela Deusa:

Deusa da Noite, das Sombras e da Morte.
Em ti está contido os mistérios da vida e da morte.
Preencha este Círculo com sua presença.

Levante as mãos sobre as velas:

Sagrados ancestrais,
neste dia os véus entre os mundos estão mais sutis.
Homenageio os antigos.

Sente-se e faça uma meditação para receber conselhos da Deusa. Se quiser, pode usar um oráculo como tarô, pêndulo, runas, etc. Levante-se e, de frente ao altar, diga:

Minha Deusa, ajude-me a encarar os desafios da vida.
A entender o que me aprisiona e o que eu preciso fazer para superá-los.
Minha Senhora, ajude-me a me libertar
do que me impede de ser verdadeiramente livre.

Passe o Óleo de Samhain nas mãos, nos pés e na testa:

Que meu corpo seja consagrado e
abençoado pelos ancestrais
para que eu possa
honrar a Deusa em mim.

Agradeça a Deusa e destrace o Círculo. O alimento ofertado pode ser consumido após as velas acabarem, sua oferenda é extremamente energética. Use o óleo deste Sabbat para se conectar com o mundo espiritual.

Yule – Solstício de Inverno

20 a 23 de junho (Hemisfério Sul)
20 a 23 de dezembro (Hemisfério Norte)

Este festival ancestral celebrado no Solstício de Inverno desempenha um papel crucial na Magia Natural. Nessa época, a energia da Terra está em transição, marcando a noite mais longa do ano. Para os praticantes da magia, este é um momento poderoso de canalização de energia para práticas mágicas. Durante Yule, existe uma concentração na renovação, cura e manifestação de todas as coisas, utilizando rituais que honram a escuridão para promover o renascimento.

A magia realizada durante Yule muitas vezes se conecta à simbologia do renascimento solar, usando velas, ervas e cristais que representam a luz emergente. Além disso, é um período propício para meditação, trabalhos de introspecção e para estabelecer intenções para o novo ciclo que se inicia. Yule na Magia Natural é a celebração da luz emergente na escuridão, um momento de conexão profunda com as energias da natureza para promover transformação e crescimento espiritual.

Energias de Yule

Quando iniciamos o inverno, independentemente de sabermos que no Brasil não vai nevar e correndo o risco de passarmos por temperaturas que mais parecem uma extensão do verão, somos afetados de forma diferente além do clima.

No inverno temos dias mais curtos, o sol nos ilumina por menos tempo, então temos mais influências lunares que nos levam a ficar mais pensativos, melancólicos e sonhadores que outras estações.

O que trabalhar durante Yule

Durante este período, trabalhamos o desapego, refletimos sobre a metade do ano que já passamos e o que esperamos do tempo que ainda temos a cumprir. Fortalecemos nossa fé e principalmente focamos em refletir sobre nossos defeitos (nossas sombras) e como vamos desintegrar os problemas que estão nos atrapalhando e nos deixando estagnados.

Celebrando Yule

Assim como nas fases da Lua, os três primeiros dias de um Sabbat são os mais fortes energeticamente. As energias do Sabbat devem ser trabalhadas durante todo o tempo de sua duração, cada dia o sol está em uma posição diferente, ou seja, com uma energia diferente. Yule é uma celebração acolhedora e reverente, marcando o renascimento do sol e a vitória da luz sobre a escuridão. Durante esse festival, famílias se reúnem em torno de fogueiras ou altares adornados com símbolos solares, trocando presentes e compartilhando refeições festivas. É um momento de alegria, gratidão e renovação, onde se honra a promessa da luz crescente e o ciclo eterno da natureza.

Altar de Yule

Nosso altar é um portal energético por onde as energias são emanadas, podemos decorar este espaço em homenagem a esta nova fase da natureza, celebrando sua mudança colocando símbolos da nova estação.

No altar de Yule, é comum colocar símbolos que representam o renascimento do sol e a renovação da vida, como velas douradas ou amarelas para simbolizar o sol nascente, pinhas, ramos de azevinho ou hera para honrar a natureza resiliente no inverno e objetos que representam o ciclo da renovação, como cristais claros ou pedras da lua. Adornos de visco, símbolos solares e itens que remetem à gratidão pela luz crescente são também elementos significativos para esse altar festivo.

Elementos de Yule

A ambientação é importante para entrarmos em contato com o simbolismo do ritual. Para nos conectarmos com as energias do inverno, devemos colocar elementos que representam este período do ano. Veja algumas sugestões:

- **Alimentos:** assados de inverno (porco, cordeiro, peru), vegetais de raiz (batatas, cenouras), frutas secas e nozes, pães de especiarias, bolos de frutas, bebidas quentes (cidra de maçã, chocolate quente, vinho quente), decorações comestíveis (biscoitos festivos), produtos de mel e cana-de-açúcar.
- **Cores:** branco, vermelho e preto são as cores da Deusa Hekate e também representam as cores das três faces da Deusa. Use fitas coloridas para decorar com as cores do Sabbat.
- **Ervas:** louro, azevinho, hera, pinheiro e visco.
- **Flores:** azevinho, visco, narcisos, lírios, rosas de inverno.
- **Incensos:** louro, carvalho, mirra, pinheiro, alecrim, sândalo, canela, cedro, laranja, bergamota e canela.
- **Pedras e cristais:** granada, esmeralda, diamante, âmbar, cristal-de-rocha, cornalina e rubi.
- **Símbolos:** azevinho, visco, fogueiras, pinheiros, sinos, luzes, estrelas, cogumelos, biscoitos de gengibre, *Yule log* (Tora de Yule), símbolos solares para o retorno gradual da luz solar após o Solstício de Inverno.
- **Velas:** verdes (folhas, natureza), dourada (Sol) e vermelhas (calor, vida)

Ritual de Yule

Fazer um ritual no Yule é essencial para nos conectarmos profundamente com a energia única deste período, marcando a transição do Solstício de Inverno. É um momento poderoso para expressar gratidão pela luz que retorna, renovar intenções e canalizar energias para promover transformação pessoal. O ritual em Yule também simboliza a celebração da vida, da renovação e da resiliência diante da escuridão, fortalecendo a conexão com a natureza e o ciclo eterno do renascimento.

Você vai precisar de:
- Óleo de Yule
- 20% de óleo de canela
- 40% de óleo de amêndoa-doce
- 40% de óleo mineral
- Frasco conta-gotas escuro

Vamos usar o óleo mineral como base para fazer a mistura. A quantidade vai variar de acordo com o tamanho do frasco. A cada 100 ml, 40%, o que equivale a 40 ml. Coloque todos os ingredientes no frasco, agite bem e está pronto.

Material necessário para o ritual
- 1 caldeirão ou uma cumbuca de barro
- 1 cálice com vinho ou suco de uva integral
- 1 ceia ritual
- 1 vela branca, 1 dourada, 1 verde e 1 vermelha

Abra o Círculo Mágico e acenda a vela dourada fixando a base dela dentro do Caldeirão. Chame pela Deusa, dizendo:

Nesta noite escura, chamo pela Deusa de Luz
Renove minhas esperanças unindo
minhas energias com a deste Sabbat.

Acenda a vela vermelha:

Uma chama se agita, mesmo em tempos difíceis.
Minha Deusa, ajude-me a ver esta chama
mesmo que meus olhos marejados
ceguem minha visão.

Acenda a vela branca, levante os braços e diga:

Eu sou a Deusa renovadora da esperança,
capacito meus filhos para que possam
caminhar de forma independente.
Serei sua Luz nas horas mais escuras,
mas olhe sempre para frente,
continue sua jornada.
Minha Luz é a chama que lhe entrego,
ela agora habita seu coração,
lembre-se dela em seus momentos difíceis,
pois sou tua Mãe e estou contigo.

Pegue o Óleo de Yule e unte a vela verde de cima para baixo, não passe no pavio para não atrapalhar o acendimento da vela. Acenda a vela verde e diga:

Minha mãe, minha guia.
Abençoa estes alimentos, coloque sobre eles tuas energias
para que ao consumir eu possa renovar minhas células e esperanças.
Alimente meu corpo e minha chamada
para que eu tenha forças para continuar em seus caminhos.

Coma sua ceia, deixando uma parte no altar até as velas apagarem. Agradeça a Deusa, destrace o Círculo. O alimento ofertado pode ser consumido após as velas acabarem, essa é uma oferenda extremamente energética.

Use o óleo deste Sabbat sempre que precisar renovar suas forças, untando uma vela branca e acendendo-a para se conectar com a Deusa.

Imbolc – Meio do Inverno

31 de julho e 1º de agosto (Hemisfério Sul)
1 e 2 de fevereiro (Hemisfério Norte)

Aqui chegamos no Meio do Inverno. Momento que marca a transição do inverno para a primavera, sucedendo o Yule no calendário Pagão. Enquanto Yule celebra o renascimento do Sol e o aumento gradual da luz, Imbolc representa a promessa do despertar da natureza e o retorno da vida. É um momento de celebração da luz crescente, onde a Terra se prepara para a renovação, as sementes começam a germinar e a energia da primavera começa a se manifestar após o período de recolhimento e introspecção do inverno. Daqui para frente as energias do inverno começam a perder força e a primavera começa a aparecer, num degradê de energias que se tocam.

As energias do Imbolc se assemelham a quem acorda de uma hibernação, só que interna, ligada à nossa psiquê. Alguns Pagãos celebram este Sabbat sob o nome de *Candlemas*. As vibrações deste período despertam como alguém emergindo de um longo sono, renovando a esperança e a vitalidade para o novo ciclo que se inicia.

Energias de Imbolc

Imagine que o inverno é uma caverna. Quando chegamos em sua metade, já podemos ver as luzes da primavera na saída.

Como as energias da primavera estão ligadas à fertilidade e ao renascimento, Imbolc está ligado à cura, ao fogo (purificador) e à purificação do corpo e da alma.

Precisamos nos purificar de nossos defeitos, dos nossos bloqueios e fisicamente nos desfazer de coisas que estão entulhando espaço.

O que trabalhar durante o Imbolc

No Imbolc, a magia se concentra na renovação, no crescimento e na purificação. Durante este período, trabalhe a purificação do seu corpo, da sua alma e do seu lar. Pontos de foco incluem rituais para limpeza e purificação de espaços físicos e energéticos, bem como a realização de feitiços para estimular o crescimento e a criatividade. Trabalhar com velas para canalizar a energia da luz crescente, usar cristais associados à purificação e renovação e realizar rituais para plantar sementes literais e simbólicas são práticas comuns.

Celebrando Imbolc

Assim como nas fases da Lua, os três primeiros dias de um Sabbat são os mais fortes energeticamente. As energias do Sabbat devem ser trabalhadas durante todo o tempo de sua duração, cada dia o sol está em uma posição diferente, ou seja, com uma energia diferente

Imbolc é celebrado como um festival de luz e esperança, marcando o despertar da terra do inverno. Durante essa festividade, é comum honrar a Deusa Brigid, se assim desejar, para cura, criatividade e renovação, enquanto as celebrações destacam a promessa da primavera e a preparação para o renascimento da natureza. É um momento propício para rituais de purificação, limpeza e para plantar as sementes das metas e intenções para o novo ciclo que se inicia.

Altar de Imbolc

Nosso altar é um portal energético por onde as energias são emanadas, podemos decorar este espaço em homenagem a esta nova fase da natureza, celebrando sua mudança colocando símbolos da nova estação. Os altares de Imbolc são decorados com velas, flores e objetos que simbolizam a luz crescente. Símbolos que representam a Deusa da cura, a criatividade e a renovação também poderão ser usados. Esses elementos podem variar de acordo com as tradições pessoais e as conexões individuais com a energia de Imbolc. Veja a no próximo tópico alguns exemplos.

Elementos de Imbolc

A ambientação é importante para entrarmos em contato com o simbolismo do ritual. Para nos conectarmos com as energias do Meio do Inverno, devemos colocar elementos que representam este período do ano. Veja algumas sugestões:

- **Alimentos:** produtos lácteos (leite, queijo, manteiga), grãos germinados, pães frescos, ervas sazonais (como cebolinha), vegetais de raiz novos (cenouras, batatas), bolos ou biscoitos em formato solar, mel e bebidas lácteas.
- **Cores:** vermelho, amarelo, laranja e branco. Cores relacionadas ao fogo e purificação. Fitas coloridas para decorar com as cores do Sabbat.
- **Ervas:** louro, sálvia, losna, guiné, ervas de cura e de limpeza. Açafrão, manjericão, lavanda ou camomila são associadas à purificação e ao despertar da primavera. Use um Caldeirão para queimar ervas de proteção.
- **Flores:** brancas ou amarelas, simbolizando o renascimento e a promessa da nova estação.
- **Incensos:** eucalipto, cravo, violeta.
- **Pedras e cristais:** quartzo-branco, citrino, turmalina-amarela, turmalina-verde, quartzo-rosa, hematita, rubi, granada, ágata-vermelha, topázio, pérolas, coral. Use ametista, quartzo claro ou cornalina, para purificação e energização.
- **Símbolos:** velas, fogueiras, leite, ovelhas, candelabros, cruzes de Brigit, sementes germinadas, tecidos, tranças ou itens feitos à mão, honrando a criatividade e os talentos pessoais. Objetos que representam crescimento, como sementes, mudas ou mesmo símbolos como ovos, representando o potencial de crescimento e renovação.
- **Velas:** preferencialmente brancas, representando a luz crescente e a purificação.

Ritual de Imbolc

Fazer um ritual de Imbolc é crucial para sintonizar-se com a energia da renovação e do despertar da primavera. É um momento poderoso para purificar e deixar para trás o que não serve mais e plantar intenções para o novo ciclo que se inicia. O ritual nessa ocasião fortalece a conexão com a natureza, potencializa a criatividade e estabelece um espaço sagrado para celebrar a luz crescente e a promessa da vida renovada.

Óleo de Imbolc

- 20% óleo de rosa mosqueta
- 40% óleo de amêndoa doce
- 40% óleo mineral
- Frasco de conta-gotas escuro

Vamos usar o óleo mineral como base para fazer a mistura. A quantidade vai variar de acordo com o tamanho do frasco, a cada 100 ml, 40%, o que equivale a 40 ml. Coloque todos os ingredientes no frasco, agite bem e está pronto.

Material necessário para o ritual
- 1 galho para confeccionar uma vassoura
- 1 vela preta
- 2 velas laranjas
- 2 velas vermelhas
- Ceia Ritual
- Fita preta de cetim ou barbante
- Incenso de alecrim
- Ramos de aroeira

Abra o Círculo Mágico. Acenda as velas intercalando vermelha e laranja. Chame pela Deusa:

Nesta noite eu chamo pela Deusa do Fogo
Venha celebrar comigo esta noite.
Purifique meu corpo, espírito e lar,
para que eu seja digno de tua guiatura.
unindo minhas energias com a deste Sabbat.

Acenda o incenso e passe pelo galho, pelas folhas de aroeira e pelo barbante:

Eu te consagro para que purifiques onde estiver.

Coloque os ramos da aroeira em volta do galho e enrole com o barbante montando uma vassoura, não precisa ser uma vassoura de tamanho padrão, pode ser uma vassoura de mão.

Passe um pouco do Óleo de Imbolc na mão e unte o cabo da vassoura. Acenda a vela preta e diga:

Minha Deusa, grandes são meus fardos
e longo foi meu caminho até aqui.
Rancor, raiva e ódio já me consumiram,
mas estes sentimentos não devem morar mais em mim.
Consagre esta vassoura, para que ela possa purificar o ambiente
em que estes sentimentos estiveram presentes.

Levante a vassoura aos céus e visualize um fogo divino penetrando nela. Coloque a vassoura no altar, levante os braços aos céus e diga:

Ó poderosa energia do renascimento, neste tempo de Imbolc,
encontro-me em conexão com a natureza, celebrando com firmeza.
Neste momento de transição entre a escuridão e a luz,
abro-me para receber as bênçãos da Deusa.
Que sua chama sagrada ilumine meu caminho,
e sua presença divina me inspire com carinho.
Que eu possa sentir a terra despertar,
e que eu possa me renovar em seu sagrado altar.

Que o fogo da Deusa queime dentro de mim,
fortalecendo minha alma e iluminando minha jornada.
Em reverência à Deusa, neste sagrado dia,
honro sua luz e sua sabedoria.
Que eu possa encontrar paz e inspiração,
nesta jornada em comunhão.
Que a magia de Imbolc me envolva com amor,
que assim seja, que assim perdure.

Coma sua ceia, deixando uma parte no altar até as velas apagarem. Agradeça a Deusa e destrace o Círculo. O alimento que foi ofertado pode ser consumido após as velas acabarem, sua oferenda é extremamente energética.

Use o óleo deste Sabbat sempre que precisar de purificação energética, passando uma gota no dedo indicador e encostando na testa.

Ostara – Equinócio de Primavera

20 a 23 de setembro (Hemisfério Sul)
20 a 23 de março (Hemisfério Norte)

É tempo de Primavera!

A palavra "equinócio" vem do latim *aequus* (igual) e *nox* (noite), e significa "noites iguais". É quando os dias e as noites têm a mesma duração.

Este Sabbat trabalha com integração das energias. É o equilíbrio perfeito entre as energias do Sol e da Lua, dia e noite, masculino e feminino, yin e yang.

Ostara tem este nome em homenagem a Deusa Eostre, que é a Deusa da Aurora; no entanto, eu celebro a minha Roda do Ano levando em consideração o Mito de Perséfone e Hekate. A subida de Perséfone do Submundo para a superfície, quando ela encontra sua mãe Deméter – a Deusa grega da colheita, da fertilidade, da terra cultivada, do direito sagrado e a que detém o ciclo da vida e da morte – retrata perfeitamente o simbolismo de Ostara, a dualidade.

Quando Perséfone reencontra sua mãe, a felicidade de Deméter faz com que a natureza se torne fértil e se encha de vida. As flores, a vegetação depois do longo inverno, ganham vida dando origem à primavera.

No Hemisfério Norte, o ovo é um símbolo tradicional de Ostara, celebrado durante a Páscoa. No entanto, para nós, do Hemisfério Sul, o ovo simboliza a fertilidade e o renascimento da primavera, um período de renovação e crescimento. Ele nos lembra da promessa de novos começos, da vitalidade da natureza e da celebração da vida em todas as suas formas, enquanto nos preparamos para o calor do verão e para a abundância que está por vir.

Energias de Ostara

Todo este equilíbrio nos coloca também em contato com as energias de alegria, beleza e fertilidade.

A Natureza está pulsando, e nela vemos os simbolismos desta estação. O leite representa a nutrição da Deusa, o alimento necessário para o desenvolvimento da vida. A lebre ou o coelho é o animal sagrado que simboliza a fertilidade da Deusa e da natureza. Os Ovos simbolizam a fertilidade e a reprodução.

O que trabalhar durante Ostara

Durante todo o Sabbat vamos trabalhar nossa capacidade de criar, sejam projetos, uma nova realidade, etc. Em Ostara, a magia foca em temas de renovação, equilíbrio e crescimento. Alguns pontos para trabalhar na magia durante Ostara incluem rituais de equilíbrio, trabalhos para equilibrar as energias opostas do equinócio, reconhecendo o equilíbrio entre luz e escuridão, dia e noite. A Magia é de renovação, utilize este momento para renovar metas e intenções, deixar para trás o que não é mais necessário e estabelecer novos objetivos. Realize feitiços ou rituais ligados ao despertar da natureza, incentivando o crescimento e a fertilidade, seja literal ou simbolicamente. Celebre a Deusa Eostre, se assim você desejar. Você pode fazer também rituais de gratidão, reconhecendo a abundância que está por vir.

Celebrando Ostara

Assim como nas fases da Lua, os três primeiros dias de um Sabbat são os mais fortes energeticamente. As energias do Sabbat devem ser trabalhadas durante todo o tempo de sua duração, cada dia o sol está em uma posição diferente, ou seja, com uma energia diferente. Coloque flores no seu altar, tenha o hábito de caminhar e/ou admirar a natureza e seu equilíbrio perfeito, que proporciona toda a vida. A magia em Ostara se concentra em alinhar-se com a energia da primavera, celebrando o renascimento e a promessa de um novo ciclo.

Altar de Ostara

Todos os elementos primaveris devem compor seu altar de Ostara, você pode usar as flores que a natureza lhe der, até mesmo aquelas florzinhas da calçada, do quintal, do mato, que são as que mais representam esta estação.

Monte seu altar com ovos representando o renascimento e a fertilidade. Flores, simbolizando o despertar da natureza; velas representando o crescimento, a renovação e o amor; símbolos que se conectam com o ciclo de renascimento; imagens ou estatuetas representando a fertilidade e a abundância e vários outros elementos como citados a seguir.

Esses itens podem variar dependendo das tradições pessoais e das associações simbólicas de cada pessoa com a energia de Ostara.

Elementos de Ostara

A ambientação é importante para entrarmos em contato com o simbolismo do ritual. Para nos conectarmos com as energias da primavera, devemos colocar elementos que representam este período do ano. Veja algumas sugestões:

- **Alimentos:** ovos (simbolizando a fertilidade), produtos lácteos, brotos e rebentos, legumes de primavera (como aspargos e ervilhas), pães ou bolos com frutas cítricas, chocolates e doces em formatos primaveris, ervas frescas (como alecrim e manjericão) e bebidas refrescantes à base de frutas.
- **Cores:** este é um dos Sabbats mais coloridos da Roda, porque fala do retorno das cores. Abuse do verde, que representa o renascimento da natureza, o crescimento das plantas e a fertilidade; o amarelo, simbolizando a luz crescente, a energia do sol que fortalece a natureza e a promessa da primavera; o rosa, associado ao amor, à ternura e à alegria pela renovação e beleza da natureza e o branco, que representa a pureza, a clareza e a luz que cresce à medida que os dias se tornam mais longos. Use fitas coloridas para decorar com as cores deste Sabbat.
- **Ervas:** noz-moscada, manjerona, alecrim, lavanda, musgo de carvalho, rosas, cravos, açafrão.
- **Flores:** narcisos, tulipas ou outras flores da estação.
- **Incensos:** de flores como rosas, violeta, etc.
- **Pedras e cristais:** ágata, aventurina, jaspe, amazonita, citrino, quartzo-branco, quartzo-rosa, lápis-lazúli.
- **Símbolos:** trabalhos manuais, tecidos ou objetos que representam a criatividade e a arte. Ovos coloridos artesanais simbolizam fertilidade e reprodução. Símbolos da natureza, como sementes, brotos, musgos ou penas. Coelho ou lebre simbolizam fertilidade e reprodução. Símbolos solares ou lunares, para honrar o equinócio e a transição para a nova estação.
- **Velas:** de todas as cores, preferencialmente em tons de verde, amarelo ou rosa.

Ritual de Ostara

Fazer um ritual em Ostara é fundamental para sincronizar-se com a energia poderosa do renascimento e da nova vida que a primavera traz. É um momento para celebrar o equilíbrio e a fertilidade, plantar intenções e abrir-se para novas oportunidades. Este ritual fortalece a conexão com a natureza, alinha nossas energias com o ciclo da terra e nos lembra da constante renovação presente em nossa própria vida.

Óleo de Ostara

- 20% óleo de lavanda
- 40% óleo de rosas
- 40% óleo mineral
- Frasco de conta-gotas escuro

Vamos usar o óleo mineral como base para fazer a mistura. A quantidade vai variar de acordo com o tamanho do frasco. A cada 100 ml, 40%, o que equivale a 40 ml. Coloque todos os ingredientes no frasco, agite bem e está pronto.

Material necessário para o ritual
- 2 velas amarelas
- 2 velas brancas
- 2 velas rosa-claro
- 3 ovos decorados, coloridos
- Ceia Ritual
- Flores
- Incenso de rosas

Abra o Círculo Mágico. Acenda as velas intercalando as cores e chame pela Deusa:

> *Deusa da Fertilidade e da Alegria,*
> *que estes ovos representem suas dádivas.*
> *Conceda força, amor, prosperidade e proteção.*
> *que seu poder seja triplicado em minha vida.*

Acenda o incenso e passe pelo seu corpo:

Abençoado seja meu corpo
templo da Deusa, instrumento de tua vontade.
Abençoados sejam meus caminhos,
abençoados sejam meus sonhos,
plantados e fertilizados
pela energia divina.

Coloque as mãos para o céu e diga:

Eu sou o cheiro da terra molhada,
a prosperidade de teus caminhos,
mas você colhe apenas o que planta,
tenha consciência de teus atos,
pois não há magia suficiente que abençoa
os que não estão dispostos a trabalhar
sobre si mesmo.

Coloque o Óleo de Ostara na ponta do seu dedo e unte sua testa:

Minha Deusa,
ajude-me a enfrentar minhas dificuldades
com força e determinação.
Obrigada pelos desafios em minha vida,
pois é com eles que me torno forte.
Que tuas sementes de sabedorias possam germinar
em minha mente e em meus atos.

Coma sua ceia, deixando uma parte no altar até as velas apagarem. Agradeça a Deusa e destrace o Círculo. O alimento ofertado pode ser consumido após as velas acabarem, sua oferenda é extremamente energética. Use o óleo deste Sabbat sempre que precisar de abundância e fertilidade.

Beltane – Auge da Primavera

31 de outubro e 1º de novembro (Hemisfério Sul)
30 de abril e 1º de maio (Hemisfério Norte)

A Natureza Vive!!

Beltane é um dos festivais mais vibrantes do calendário Pagão, marcando o ápice da primavera e celebrando a fertilidade, a paixão e a união. Momento de grande alegria, onde rituais são realizados para honrar o renascimento da natureza e a promessa de abundância que a estação traz.

É um festival de fogo e fertilidade, onde as fogueiras são acesas para representar a luz crescente do sol e para purificar e abençoar aqueles que saltam sobre elas. É também uma celebração da união entre o Deus e a Deusa, onde fitas coloridas são usadas para dançar em torno de um poste, simbolizando a ligação entre masculino e feminino, além de celebrar a vitalidade e a renovação da vida. É um momento para fortalecer laços, para expressar amor e para manifestar desejos e metas para o futuro.

No auge da primavera a fertilidade foi renovada na terra.

Maypole

Um elemento central no Beltane é a dança ao redor do *Maypole*, um poste decorado com fitas coloridas, simbolizando a união dos opostos, a fertilidade e a renovação da natureza. Essa dança ritualística cria uma atmosfera de alegria e celebração da vida e do amor. Uma tradição que abrange vários outros festivais folclóricos de origem europeia, normalmente celebrada no 1º de Maio, no Hemisfério Norte e em outubro no Hemisfério Sul.

Este festival consiste em colocar um mastro com fitas coloridas que são trançadas enquanto as pessoas dançam, sempre em pares. Enquanto uma pessoa vai em um sentido a outra vai no oposto.

Energias de Beltane

Este Sabbat representa o momento máximo de fertilidade e de amor. É em Beltane que as energias masculinas da natureza se unem às femininas.

O Fogo é o elemento que está presente em todos os Sabbats. Mas em Beltane, ele tem ainda maior importância, sua luz e seu calor representam a virilidade e a força fértil da natureza.

O que trabalhar durante Beltane

Durante todo o Sabbat de Beltane vamos trabalhar o Amor, com todas as suas manifestações e capacidade de perdoar, permitindo-se amar e ser amado, trabalhando nossas relações com amigos e familiares.

Celebrando Beltane

Assim como nas fases da Lua, os três primeiros dias de um Sabbat são os mais fortes energeticamente. As energias do Sabbat devem ser trabalhadas durante todo o tempo de sua duração, cada dia o sol está em uma posição diferente, ou seja, com uma energia diferente. Beltane é um festival Pagão que celebra a chegada da primavera em sua plenitude, marcando um momento de grande vitalidade, renascimento e fertilidade na natureza. Para celebrar esta ocasião, diversas práticas são realizadas, cada uma delas carregada de simbolismo e significado.

Uma das características mais marcantes da celebração de Beltane é a tradição de acender fogueiras. Estes fogos representam a luz do sol que alcança seu ápice e atuam como elementos de purificação, onde as pessoas saltam sobre as chamas para se renovarem e receberem bênçãos para o novo ciclo que se inicia.

Passar tempo ao ar livre, colhendo flores, caminhando na natureza e realizando piqueniques também é uma forma de se conectar com a energia vibrante de Beltane, celebrando a vida e a renovação que a estação traz.

Em essência, a celebração de Beltane é uma expressão de gratidão pela vida, pela abundância e pelo ciclo de renovação da natureza. É um momento de alegria, união e conexão com a energia da primavera, honrando o renascimento e a vitalidade que permeiam este período do ano.

Altar de Beltane

A criação de altares dedicados a Beltane é comum, usando flores, ramos e objetos que representam o renascimento e a abundância da estação. Rituais de união e amor são realizados, fortalecendo os laços afetivos e manifestando intenções positivas para o futuro.

Todos os elementos primaveris devem compor seu altar, coroa de flores (mesmo que não sejam frescas), simbolismo de fertilidade, o Deus e a Deusa, oferendas, etc. Seu altar deve ser alegre e colorido.

Elementos de Beltane

A ambientação é importante para entrarmos em contato com o simbolismo do ritual. Para nos conectarmos com as energias do Meio da Primavera, devemos colocar elementos que representam este período do ano. Veja algumas sugestões:

- **Alimentos:** produtos lácteos (leite e queijo), mel, cereais integrais, frutas vermelhas (morangos, framboesas), pães e bolos decorados com flores comestíveis, legumes da estação, ervas como hortelã, e bebidas à base de frutas, como ponche de frutas.

- **Cores:** o verde, representando o renascimento da natureza, o crescimento das plantas e a fertilidade; o amarelo, simbolizando a luz solar crescente, a energia e a alegria da estação; o rosa, associado à suavidade, amor e à alegria pela renovação e beleza da natureza, e o vermelho, representando a paixão, o vigor e a vitalidade da vida. Quanto mais colorido, melhor. Use fitas coloridas para decorar com as cores do Sabbat.

- **Ervas:** alecrim, baunilha, rosas, ylang-ylang, narciso, sangue de dragão, páprica, cogumelos, rabanetes, amêndoas, hera, olíbano.
- **Flores:** narcisos, tulipas, lírios e flores silvestres, como margaridas, violetas, madressilvas e outras que estejam desabrochando nesta época, representando a vitalidade e a renovação da natureza.
- **Incensos:** de flores como rosas, violeta, etc.
- **Pedras e cristais:** quartzo-rosa, esmeralda, berilo, turmalina, quartzo-verde, malaquita, aventurina, amazonita.
- **Símbolos:** fogueiras, flores, fitas e tecidos coloridos, maçãs, coroas de flores, máscaras, bastões de fertilidade, chifres e instrumentos musicais, pentáculo, fertilidade e símbolos fálicos, árvores de maio.
- **Velas:** vermelhas, simbolizando paixão e vitalidade; verdes representando o renascimento da natureza; amarelas, que remetem à luz solar crescente; rosas, ligadas à ternura e à beleza e brancas, que evocam a pureza e a clareza. Porém, todas as cores de velas são usadas nos rituais de Beltane.

Ritual de Beltane

O ritual em Beltane é essencial para sintonizar-se com a energia exuberante da primavera, celebrando o renascimento e a fertilidade. É um momento poderoso para manifestar intenções de crescimento e amor, fortalecer conexões e honrar a união entre opostos. Este ritual não apenas celebra a vida, mas também cria um espaço sagrado para expressar gratidão pela renovação constante da natureza e para receber as bênçãos da estação do crescimento.

Óleo de Beltane

- 20% óleo de girassol
- 20% óleo de morango
- 20% óleo de rosas
- 40% óleo de amêndoa doce
- Frasco de conta-gotas escuro

Vamos usar o óleo mineral como base para fazer a mistura. A quantidade vai variar de acordo com o tamanho do frasco. A cada 100 ml, 40%, o que equivale a 40 ml. Coloque todos os ingredientes no frasco, agite bem e está pronto.

Material necessário para o ritual
- 7 velas (verde, rosa, azul, vermelho, branco, laranja e lilás)
- Cálice com vinho ou suco de uva integral
- Ceia Ritual
- Fitas de cetim coloridas

Inicie abrindo o Círculo Mágico. Depois acenda as velas coloridas e chame pela Deusa:

Minha Deusa, seu amor se estende a tudo e a todos.
Eu chamo pela senhora da cura,
pela beleza, força e teu poder.

Pegue as fitas coloridas, una uma ponta de cada cor e dê um nó:

Minha Deusa,
ajude-me para que eu possa amar e ser amada,
que eu me sinta merecedora do amor,
cure minhas feridas da alma,
floresça em mim a felicidade e a beleza.
Purifica minha energia,
prepara-me para que eu possa
me curar das minhas dores.

Coloque as fitas no altar, levante os braços para o céu e diga:

Para que eu seja feliz,
preencha minha vida com tua energia,
retire o fardo que não me cabe mais,
abrindo espaço para novas experiências.
As minhas memórias e lembranças dolorosas,
deixam feridas que não cicatrizam,
mas para que elas possam ser curadas,
é necessário que haja uma limpeza.
Purifique-me, para que assim possam se fechar.
Ajude-me a refletir sobre minhas dores,
que eu enfrente de queixo erguido minhas quedas,
entendendo todo o aprendizado em minha jornada.
Não são as derrotas que me definem,
mas sim minha capacidade de levantar
e continuar meu caminho.

Pegue o Óleo do Sabbat e unte seu coração. Acenda a vela verde e diga:

Minha mãe, minha guia.
Abençoa estes alimentos,
coloque sobre eles tuas energias,
para que, ao consumi-los, eu possa renovar
minhas células e esperanças.
Alimente meu corpo e minha caminhada
para que eu tenha forças
para continuar em seus caminhos.

Coma sua ceia, deixando uma parte no altar até as velas apagarem. Agradeça a Deusa e destrace o Círculo. O alimento ofertado pode ser consumido após as velas acabarem, sua oferenda é extremamente energética. Use o óleo deste Sabbat sempre que se sentir triste ou que precisar de mais amor para sua vida.

Litha – Solstício de Verão

20 a 23 de dezembro (Hemisfério Sul)
20 a 23 de junho (Hemisfério Norte)

Litha, ou Solstício de Verão, é um momento poderoso no calendário Pagão. Quando iniciamos o verão, os dias são mais longos, o sol chega em seu poder máximo, tornando folhas, flores e frutos abundantes em toda a natureza.

Sempre sinto as fadas mais próximas nesta época, como se os véus entre as dimensões ficassem mais finos.

Alguns Pagãos celebram Litha associando o retorno do sol como o renascimento do Deus, a criança da promessa. Eu costumo celebrar as energias do sol, a vitalidade, a virilidade e a energia pulsante da natureza.

Energias de Litha

Durante todo o verão as energias de Litha penetram nossa pele e vão revigorando nossas células e nossa alma.

Sabemos que as energias dos quatro elementos estão igualmente presentes nos Sabbats, mas inconfundivelmente o fogo se apresenta com maior presença em Litha, que celebra o sol em toda a sua grandeza.

O que trabalhar durante Litha

Vida!!!

Durante Litha, diversos elementos podem ser trabalhados na prática da magia. Podemos trabalhar toda forma de alegria; celebrar a luz solar; honrar o sol e sua energia abundante, reconhecendo seu poder e vitalidade. Podemos também trabalhar em rituais para fortalecer metas, prosperidade e crescimento pessoal e aproveitar a energia do solstício para buscar equilíbrio entre luz e sombra, harmonizando aspectos da vida. Em Litha, podemos celebrar a exuberância da natureza, conectando-nos com

o mundo natural, colhendo ervas, flores ou fazendo caminhadas ao ar livre. Reconhecer as bênçãos recebidas até o momento e expressar gratidão pela abundância da estação também é uma forma de trabalhar neste Sabbat.

Celebrando Litha

Assim como nas fases da Lua, os três primeiros dias de um Sabbat são os mais fortes energeticamente. As energias do Sabbat devem ser trabalhadas durante todo o tempo de sua duração, cada dia o sol está em uma posição diferente, ou seja, com uma energia diferente. Existem formas simples de celebrarmos Litha, basta reverenciar a natureza, o sol. Faça um pedido para o Sol, peça força, vitalidade, saúde e alegria! Se você tiver velas, pode usar uma laranja, amarela ou branca. Simples caminhadas sob o sol também faz bem, permita-se ser um com o sol.

Altar de Litha

Montar um altar para Litha é uma maneira maravilhosa de honrar o Solstício de Verão e celebrar a energia do sol. Utilize cores vibrantes associadas ao sol, como amarelo, laranja e vermelho. Inclua elementos representativos do verão, como flores frescas, folhas verdejantes e frutas sazonais. Adicione símbolos, como discos ou mandalas solares ou imagens do sol para representar o poder e a energia do solstício. Coloque velas em tons de amarelo, laranja, dourado, para representar a luz do sol em seu auge. Utilize cristais associados à energia solar, para amplificar a energia e a vibração do altar. Disponha ervas e plantas sazonais, associadas ao verão e à energia solar. Adicione conchas, pedaços de madeira, penas ou outros elementos naturais coletados durante caminhadas ao ar livre para representar a conexão com a natureza. Se você trabalha com Instrumentos Mágicos, como varinhas, pentáculos ou caldeirões, coloque-os de maneira central ou de destaque no altar. Reserve um espaço livre no seu altar para realizar seus rituais, seja para meditação, leitura de tarô, feitiços ou para simplesmente refletir sobre a energia do solstício.

Lembre-se de que a disposição e os elementos do altar podem variar de acordo com sua intuição, tradições pessoais e o que mais ressoa com você durante esse momento de celebração. O mais importante é criar um espaço que evoca a energia do sol e o significado especial deste período do ano para você.

Elementos de Litha

A ambientação é importante para entrarmos em contato com o simbolismo do ritual. Para nos conectarmos com as energias do verão, devemos colocar elementos que representam este período do ano. Veja algumas sugestões:

- **Alimentos:** frutas frescas (morangos, framboesas, amoras, mirtilos, cerejas), vegetais frescos (tomates, pepinos, abobrinhas, pimentões), saladas coloridas, churrasco (carne, peixe ou vegetais grelhados), pães integrais, mel e bebidas refrescantes (limonadas, chás gelados, sucos naturais).

- **Cores:** as cores de Litha evocam a essência radiante do Solstício de Verão, o amarelo representa a energia solar e a vitalidade; o laranja simboliza a criatividade e a alegria, enquanto o verde representa o poder da natureza em seu auge, juntos, simbolizam o ápice da luz e da abundância nesta celebração Pagã. Use fitas coloridas para decorar com as cores do Sabbat.

- **Ervas:** sálvia, menta, cebolinha, salsa, tomilho, lavanda, samambaia, verbena, visco, musgo, sorveira, carvalho, pinheiro, anis, sândalo, camomila, alecrim, entre outras. O trigo é muito importante para trazer energia para o ritual.

- **Flores:** girassóis, margaridas, rosas, lírios, lavanda, cravos, flores silvestres de verão.

- **Incensos:** sálvia, menta, verbena, sândalo.

- **Pedras e cristais:** âmbar, cornalina, citrino, rubi, diamante, cristal de quartzo, olho de tigre, turmalina-amarela, topázio-amarelo, jaspe-vermelho, quartzo-rosa.

- **Símbolos:** sinos, sol, fogueiras, rodas de fogo, flores silvestres, coroas de flores, ervas de verão, feixes de ervas, caldeirões decorativos, elementos solares.
- **Velas:** verdes (folhas, natureza), vermelhas (calor, vida) e dourada (Sol).

Ritual de Litha

Fazer um ritual em Litha é essencial para sintonizar-se com a energia exuberante do Solstício de Verão. Celebrar esse momento não apenas honra o ápice da luz solar, mas também permite que nos conectemos com a natureza em seu auge de vitalidade. O ritual é uma oportunidade para manifestar intenções de crescimento, colher os frutos do trabalho realizado e celebrar a abundância presente na vida, trazendo harmonia e equilíbrio aos ciclos naturais e pessoais.

Óleo de Litha

- 20% óleo de girassol
- 20% óleo de lavanda
- 20% óleo de rosas
- 40% óleo de amêndoa doce
- Frasco de conta-gotas escuro

Vamos usar o óleo mineral como base para fazer a mistura. A quantidade vai variar de acordo com o tamanho do frasco. A cada 100 ml, 40%, o que equivale a 40 ml. Coloque todos os ingredientes no frasco, agite bem e está pronto.

Material necessário para o ritual
- 3 velas vermelhas
- Barbante ou corda sisal
- Cálice com vinho ou suco de uva integral
- Ceia Ritual
- Círculo de papelão
- Cola Branca
- Tinta Amarela

Abra o Círculo Mágico, acenda as velas e chame pela Deusa:

Eu celebro a Deusa Brilhante, celebro a alegria!
Seja bem-vinda ao meu ritual!

Pegue o círculo de papelão, passe cola por ele todo e cole o barbante no meio:

Eu fixo as energias solares em minha vida

Vai colando o barbante e formando uma espiral no sentido horário e repetindo:

A primeira volta eu dou, o feitiço começou,
com as voltas que vou fazendo, a força vai crescendo,
com as voltas que eu vou dar, meu poder irá se revelar.

O Brilho da Deusa abençoa minha vida,
a cada volta que eu faço, meu impedimento eu desfaço,
a cada volta que vou fazer, meu poder irá se fortalecer.

A última volta eu darei, o meu triunfo eu alcançarei,
da Deusa agora me despeço, seu amor é o que mais prezo,
Em seus braços me recolherei, renovada me reencontrarei.

Pegue a Tinta amarela e com o dedo vai pintando o círculo:

Com o amarelo vou selar
para minha magia potencializar.

Pegue o Óleo de Litha, unte a ponta do dedo e faça uma espiral no sentido horário. Levante aos céus e diga:

*Eu sou a guardiã dos pilares da luz,
recebo teu sol que é dado na fé que me conduz,
para que mesmo nos momentos sombrios
a luz possa brilhar e abençoar meu vazio.*

Coma sua ceia, deixando uma parte no altar até as velas apagarem. Agradeça a Deusa e destrace o Círculo. O alimento ofertado pode ser consumido após as velas acabarem, sua oferenda é extremamente energética. Use o óleo deste Sabbat sempre que precisar de brilho, luz e resolução de uma questão que você não enxerga saída.

Lammas – Meio do Verão

*1 e 2 de fevereiro (Hemisfério Sul)
31 de julho e 1º de agosto (Hemisfério Norte)*

Lammas, também conhecido como *Lughnasadh*, marca o início da colheita e celebra a generosidade da terra. Este Sabbat representa a gratidão pelo ciclo de crescimento, sendo um momento de reflexão sobre os esforços, a abundância e a partilha, enquanto nos preparamos para a transição do verão para o outono, no Hemisfério Sul. É um período de reconhecimento da colheita e preparação para a próxima fase do ciclo sazonal. No auge do verão, temos o primeiro Festival da Colheita, momento de agradecer a tudo o que colhemos durante o ano. Neste período, temos que refletir sobre o que fizemos nos meses anteriores e analisar; será que estamos como gostaríamos de acordo com nossas expectativas no início da Roda?

Energias de Lammas

A energia que Lammas emana irradia gratidão pela colheita iminente, marcando o ciclo do verão para o outono. É um momento de abundância, reflexão e partilha, onde celebramos o fruto do trabalho árduo e nos preparamos para a temporada de transformação e gratidão pela generosidade da terra. Esse é um período muito intenso, as pessoas estão mais suscetíveis a sucumbir a impaciência e suas personalidades ficam mais coléricas.

O que trabalhar durante Lammas

Em Lammas focamos na magia da colheita, abençoando e consagrando grãos, ervas e frutos. É um momento propício para rituais de gratidão, prosperidade e abundância, além de trabalhar a transformação pessoal e o compartilhamento generoso de energia positiva. A energia deste festival é excelente para atrair bênçãos para você trabalhar várias áreas da sua vida, como relacionamentos, a vida financeira e refazer laços matrimoniais, por exemplo.

Celebrando Lammas

Assim como nas fases da Lua, os três primeiros dias de um Sabbat são os mais fortes energeticamente. As energias do Sabbat devem ser trabalhadas durante todo o tempo de sua duração, cada dia o sol está em uma posição diferente, ou seja, com uma energia diferente.

Lammas é celebrado com rituais de colheita, onde compartilhamos pães feitos com grãos recém-colhidos, realizamos cerimônias de agradecimento à terra pela abundância e partilhamos histórias que honram o ciclo de vida e transformação. É um momento para criar coroas de grãos, fazer oferendas à natureza e fortalecer laços comunitários por meio de festividades simples e gratificantes, assim como honrar as pessoas que foram importantes na nossa vida no último ano, mandando mensagens e agradecendo por elas existirem.

Altar de Lammas

Um altar de Lammas pode incluir elementos que representam a colheita e a generosidade da terra. Coloque grãos como trigo, cevada ou milho, pães caseiros ou espigas de milho para simbolizar a abundância dos frutos colhidos. Velas douradas ou amarelas podem representar a luz do sol e a energia vital. Adicione ervas sazonais como lavanda, alecrim ou camomila, símbolos da colheita e do agradecimento pela fertilidade da terra. Incorporar objetos de madeira, como uma tigela ou um pentáculo esculpido, conecta você à energia terrena e ao ciclo de crescimento. Esses elementos combinados ajudam a criar um altar representativo de gratidão pela colheita e de celebração da generosidade da natureza em Lammas.

Elementos de Lammas

A ambientação é importante para entrarmos em contato com o simbolismo do ritual. Para nos conectarmos com as energias do Meio do Verão, devemos colocar elementos que representam este período do ano. Veja algumas sugestões:

- **Alimentos:** pães feitos com grãos da estação, como pão de cevada, tortas de frutas (especialmente de maçã), grãos (cevada, trigo), vegetais assados, milho, mel, frutas de verão (maçãs, peras) e pratos que incorporam grãos e colheitas da estação.
- **Cores:** dourado, laranja, vermelho, amarelo. Use fitas coloridas para decorar com as cores do Sabbat.
- **Ervas:** verbena, rosa, girassol, trigo, centeio, aveia, cevada, arroz, alho, cebola, manjericão, menta, babosa, folha de morango, calêndula, hera, sândalo e murta.
- **Flores:** girassóis, miosótis, crisântemos, flores silvestres de verão, use flores bem coloridas. As sempre-vivas são aquelas florzinhas desidratadas que duram bastante tempo e trazem alegria ao ambiente.
- **Incensos:** sândalo, verbena, morango, menta.

- **Pedras e cristais:** citrino, topázio-dourado, obsidiana, aventurina ágata-musgo, rodocrosita, quartzo-claro, mármore, ardósia, granito.
- **Símbolos:** espigas de trigo, pães, foice, feixes de cereal, ferramentas agrícolas, chifres de abundância, círculos de colheita, sol, fogueiras, figuras de grãos.
- **Velas:** abuse de velas amarelas ou douradas representando a luz solar, a energia vital do sol e a abundância da colheita. Velas laranjas também são apropriadas, representando a energia do sol e a criatividade associada a este período.

Ritual de Lammas

A celebração ritualística em Lammas é essencial para honrar o ciclo da colheita, expressar gratidão pela generosidade da terra e marcar a transição do verão para o outono. É um momento para reconhecer os frutos do trabalho árduo, fortalecer a conexão com a natureza e estabelecer intenções de gratidão, abundância e transformação pessoal à medida que nos preparamos para a temporada de colheita e reflexão.

Óleo de Lammas

- 5% de azeite
- 10% óleo de coco
- 20% óleo de amêndoa doce
- 30% óleo de girassol
- 35% óleo de semente de uva
- Frasco de conta-gotas escuro

Vamos usar o óleo mineral como base para fazer a mistura. A quantidade vai variar de acordo com o tamanho do frasco. A cada 100 ml, 40%, o que equivale a 40 ml. Coloque todos os ingredientes no frasco, agite bem e está pronto.

Pão de ervas de Lammas

Acenda uma vela branca antes de começar, pedindo que este pão seja consagrado e abençoado com as energias de Lammas.

Material necessário
- 1 colher de chá de sal
- 1 copo de óleo
- 1 kg de farinha de trigo
- 1 ovo
- 2 ½ copos e de leite
- 2 colheres de sopa de açúcar
- 50 g de fermento biológico
- Alecrim
- Alho
- Manjericão

Dissolva o fermento em leite morno e bata no liquidificador com o açúcar, óleo, sal e ovo. Vai adicionando as ervas e dizendo:

> *O manjericão vou adicionar,*
> *para a prosperidade encontrar.*
> *O alecrim vou acrescentando*
> *e o mal purificando.*
> *O sal a magia vai potencializar,*
> *e a Deusa esta mistura abençoar.*
> *Mas antes de terminar,*
> *o alho e mais sal eu vou acrescentar.*
> *Agora tudo vou misturar*
> *e à Deusa vou consagrar.*

Coloque a mistura em um recipiente largo e vá adicionando o trigo aos poucos, misturando até ficar homogêneo. Se ainda tiver grudenta, coloque mais farinha. Sove-a por um minuto, enquanto isso, vai repetindo sua intenção e pedindo que a prosperidade chegue àqueles que se alimentarem deste pão.

Agora deixe a massa crescer por uma hora, faça um formato de triluna e deixe crescer por mais 30 minutos. Asse por 30 minutos e abençoe o pão quando estiver pronto:

Pelo Sol, pela Lua,
Espírito, Água, Fogo, Terra e Ar.
Tragam a magia para este pão eu consagrar.

Material necessário para o ritual
- 1 pão feito por você (veja sugestão anterior)
- 2 velas laranjas
- 2 velas marrons
- Cálice com vinho ou suco de uva integral
- Ceia Ritual
- Ramos de trigo

Abra o Círculo Mágico e acenda as velas. Chame pela Deusa:

Deusa, Senhora da Terra,
Eu a chamo nesta noite sagrada,
Forneça seu poder através mim
neste ritual abençoado.

Segure os ramos de trigo e diga:

Da terra recebemos nosso sustento.
Sou grata aos trabalhadores do campo
a quem plantou, regou e colheu.
Sou grata pelo sol e pela chuva.
Este ramo da terra veio e foi colhido,
e por ele sou grata.

Coloque o trigo no altar, levante o pão aos céus:

Com este ato da qual dou fé
compartilho minha prosperidade com meus filhos.
Recebam as energias vitais da Terra.

Coma sua ceia, deixando uma parte no altar até as velas apagarem. Pegue o Óleo de Lammas e unte os pés, as mãos e a testa :

*Eu consagro meu corpo
para receber a prosperidade da natureza.*

Agradeça a Deusa e destrace o Círculo. O alimento ofertado pode ser consumido após as velas acabarem, sua oferenda é extremamente energética. Use o óleo deste Sabbat sempre que precisar se conectar com a Terra.

Mabon – Início do Outono

20 a 23 de março (Hemisfério Sul)
20 a 23 de setembro (Hemisfério Norte)

Também conhecido como "Equinócio de Outono", este é um Sabbat que celebra o equilíbrio entre luz e escuridão, marcando o momento de transição do verão para o outono. Nesta época, honramos a colheita, a gratidão pela abundância da terra e nos preparamos para a jornada rumo ao período de recolhimento e introspecção. É um momento de equilíbrio cósmico e reflexão sobre os ciclos da vida e da natureza. Aqui são feitas as últimas colheitas que sobraram de Lammas, aqui é quando agradecemos o aprendizado e as lições oferecidas. Começamos a nos preparar para o tempo de repouso e de introspecção, aos poucos, a natureza vai se recolhendo.

Energias de Mabon

O ponto energético de Mabon é o equilíbrio entre luz e escuridão, representando a transição da temporada de colheita para o recolhimento. É um momento de balanço energético, onde as forças opostas se igualam, promovendo harmonia, reflexão e agradecimento pela abundância enquanto nos preparamos para os dias mais escuros. É hora de pensar em seus projetos, em como está sua vida, no que você semeará para colher na próxima colheita.

Coloque de lado tudo o que tem atrapalhado a sua evolução. É tempo de banir maus hábitos e tudo o que não acrescenta na sua vida, tudo que impede você de alcançar aquilo que deseja.

Pode-se dizer que é o Dia de Ação de Graças do Paganismo. Crie uma lista de coisas que você quer fazer e de coisas que precisa remover da sua vida.

O que trabalhar durante Mabon

Mabon oferece oportunidades para trabalhar a gratidão pela colheita, equilibrar energias opostas, realizar rituais de agradecimento à natureza, fortalecer conexões comunitárias e buscar equilíbrio emocional e espiritual à medida que nos preparamos para a temporada de recolhimento e reflexão. É um momento propício para expressar gratidão, equilibrar energias e se preparar para a transição do outono.

Assim como vimos em Ostara, o equilíbrio é destacado neste Sabbat, lembrando-nos de que tudo é temporário, e que a estação não dura para sempre, assim como também a escuridão e a luz são intercambiáveis e não ultrapassam o limite um do outro por muito tempo.

Em Mabon buscamos nosso equilíbrio e reavaliamos nossa vida.

Celebrando Mabon

Assim como nas fases da Lua, os três primeiros dias de um Sabbat são os mais fortes energeticamente. As energias do Sabbat devem ser trabalhadas durante todo o tempo de sua duração, cada dia o sol está em uma posição diferente, ou seja, com uma energia diferente.

Para celebrar o Sabbat de Mabon, é possível realizar rituais de gratidão pela colheita, fazer oferendas à natureza, preparar refeições com alimentos da estação, criar decorações com elementos naturais, como folhas secas e frutos, e promover encontros comunitários para compartilhar a abundância e refletir sobre o equilíbrio entre luz e escuridão, marcando essa transição sazonal com cerimônias de agradecimento e harmonia. Podemos reunir os amigos para um jantar ou lanche, debater sobre suas conquistas e sobre o que querem conquistar ou retirar um tempo para dar atenção à nossa casa, como consertar objetos estragados ou simplesmente fazer uma faxina.

O essencial é nos integrarmos e observar a natureza em sua transformação e em sua forma cíclica, sempre retornando ao princípio de tudo. Isso nos leva a entender tanto os ciclos da natureza, como os ciclos dentro de nós. Afinal, nós também somos natureza.

Altar de mabon

Para montar um altar para Mabon, inclua elementos representativos da colheita, como frutos, grãos e vegetais, velas em tons de laranja, amarelo ou marrom, objetos naturais como folhas secas, cabaças, flores da estação, símbolos de equilíbrio como a balança e itens que representam a gratidão, como um caldeirão ou uma tigela com oferendas, criando um espaço de celebração da abundância e do equilíbrio sazonal. Podemos colocar no altar elementos que simbolizam este momento energético, como pinhas, maçãs, velas nas cores do Sabbat, milho, trigo, castanhas, etc.

Elementos de Mabon

A ambientação é importante para entrarmos em contato com o simbolismo do ritual. Para nos conectarmos com as energias do outono, devemos colocar elementos que representam este período do ano. Veja algumas sugestões:

Alimentos: abóboras, maçãs, nozes, milho, frutas secas, pães integrais, produtos à base de maçã (como vinhos, tortas), pratos que incorporam grãos e vegetais de outono, como batatas e cenouras e produtos sazonais.

Cores: as cores associadas a Mabon refletem a transição do verão para o outono. O amarelo simboliza a luz do sol, representando a energia vital e a colheita abundante. O laranja está ligado à criatividade, ao calor e à e prosperidade, refletindo o clima do outono e a fartura da colheita. O marrom representa a terra e a estabilidade, enquanto o verde remete à renovação e crescimento, simbolizando a natureza exuberante da estação. Juntas, essas cores celebram a abundância da colheita e agradecem a generosidade da terra, marcando a transição para o período de recolhimento e reflexão. Use fitas coloridas para decorar com as cores do Sabbat.

Ervas: alecrim, calêndula, sálvia, folhas e cascas, camomila, girassol, trigo, folhas de carvalho, maçã ou semente de maçã.

Flores: girassóis, rosas, crisântemos, flores silvestres de outono.

Incensos: canela, alecrim, olíbano, junípero, mirra, sálvia, calêndula ou maçã.

Pedras e cristais: âmbar, ágata, cornalina, citrino, topázio amarelo, peridoto, olho de tigre, ouro.

Símbolos: maçãs, abóboras, milho, vinho, pães de colheita, foice, círculos de colheita, feixes de trigo, ferramentas agrícolas, chifres de abundância (cornucópia).

Velas: velas em tons de amarelo, laranja, marrom ou dourado são mais adequadas. O amarelo representa a luz solar e a energia vital, enquanto o laranja simboliza a criatividade, a prosperidade e o clima do outono. O marrom está associado à terra e à estabilidade, enquanto o dourado reflete a abundância da colheita. Essas tonalidades de velas ajudam a evocar a energia da estação e a celebrar a gratidão pela colheita durante os rituais de Mabon.

Ritual de Mabon

O ritual de Mabon é crucial para celebrar a gratidão pela colheita, honrar o equilíbrio entre luz e escuridão e marcar a transição sazonal. Essa prática permite reconhecer a generosidade da terra, fortalecer laços comunitários, promover a reflexão sobre os ciclos naturais e pessoais, e estabelecer intenções de equilíbrio e gratidão enquanto nos preparamos para o período de recolhimento e introspecção.

Óleo de Mabon

- 20% essência de maçã (não é óleo essencial)
- 20% mineral
- 20% óleo de rosa mosqueta
- 40% óleo de amêndoa doce
- Frasco de conta-gotas escuro

Vamos usar o óleo mineral como base para fazer a mistura. A quantidade vai variar de acordo com o tamanho do frasco. A cada 100 ml, 40%, o que equivale a 40ml.

Coloque todos os ingredientes no frasco, agite bem e está pronto.

Material necessário para o ritual

- 1 cabeça de alho
- 1 cálice
- 1 maçã cortada em rodelas
- 2 velas marrons
- 13 alfinetes
- Canela em pau
- Cidra de maçã
- Grãos de todos os tipos

Abra o Círculo Mágico e acenda as velas. Chame pela Deusa:

Deusa do equilíbrio,
ensina-me sobre a luz e a escuridão,
esteja presente neste ritual,
empresta-me seu poder nesta noite.

Coloque as rodelas de maçã em um grande cálice, coloque a canela e complete com a sidra.

A Maçã rege meu coração, a canela traz as luzes do Sol,
e a sidra encanta esta bebida sagrada.
Minha Deusa, abençoa tua filha com esta bebida encantada.

Com as sementes faça um círculo em volta da bebida. Pegue a cabeça de alho e coloque os 13 alfinetes formando um círculo em volta da cabeça do alho.

A proteção da Deusa eu conjuro,
para me auxiliar, e nesta noite, 13 vezes vou chamar.
Com o primeiro alfinete o mal vou afastar
com o segundo o mal afugentar
com o terceiro os inimigos sairão
com o quarto vem a proteção
com o quinto mal não me causarão
com o sexto o feitiço ganha força
com o sétimo a Deusa da proteção reforça
com o oitavo recebo sua unção
com o nono estou consagrada
com o décimo a magia se propaga
com o décimo primeiro vou finalizar
com o décimo segundo preparo esta oferenda no altar
com o décimo terceiro agradeço este amuleto que veio me salvar.

Passe o Óleo de Mabon nas mãos, erga-as aos céus e diga:

Para encontrar equilíbrio entre a luz e a escuridão
temos que encontrar o ritmo de todas as coisas.
Todos temos a luz e as sombras e
aceitar é pulsar com a natureza.

Beba sua bebida de Mabon e coma sua ceia, deixando uma parte no altar até as velas apagarem. Agradeça a Deusa, destrace o Círculo, o alimento ofertado pode ser consumido após as velas acabarem, sua oferenda é extremamente energética. Use o óleo deste Sabbat sempre que precisar de equilíbrio.

Conectando-se com a Natureza do Hemisfério Sul nos Sabbats

Se você prefere celebrar os Sabbats em sua originalidade, tendo em vista que esta prática foi desenvolvida no Hemisfério Norte, basta adaptar as celebrações para refletir as estações do Hemisfério Sul, permitindo uma conexão mais profunda com a natureza local e suas características sazonais específicas. Você não vai querer comemorar o Yule no Brasil, por exemplo, com alimentos típicos de inverno, ou colocar flores alegres em uma comemoração outonal. Adaptar o seu ritual para as características sazonais do local onde mora não perde valor, pelo contrário, ganha força, pois você está usando elementos da natureza em seu maior potencial, isso proporciona uma experiência espiritual mais autêntica e significativa.

Celebrar os Sabbats em suas datas originais é, para alguns, uma boa oportunidade para honrar a originalidade da tradição, adaptando-a às correspondências sazonais locais. É possível manter a tradição temporal ao honrar as datas tradicionais de cada festividade. Mesmo que as estações sejam invertidas, essa escolha preserva a autenticidade da celebração.

Veja algumas dicas:

- **Conscientização das diferenças das estações:** esteja ciente das diferenças sazonais entre os hemisférios. Mesmo que você esteja celebrando uma festividade que normalmente ocorre durante o inverno no Hemisfério Norte, no Sul, pode ser verão. Adapte os elementos simbólicos e rituais de acordo com a estação local.

- **Integração da natureza local:** incorpore elementos da natureza local em suas celebrações. Use plantas, flores, frutas e outros itens disponíveis na estação local para enriquecer seus rituais. Isso conectará suas práticas espirituais às características únicas da região onde você se encontra. Reconhecer as mudanças na natureza ao redor, adaptando os rituais para refletir as características da estação no Hemisfério Sul, é uma maneira de manter a conexão com a natureza.

- **Alimentos e bebidas:** ao preparar pratos típicos, mesmo fora de época no Hemisfério Sul, é possível utilizar ingredientes locais e da estação ajustando as receitas conforme necessário. Para beber, dê preferência ao que seu corpo pede. Mesmo que determinado ritual original peça algo refrescante, respeite seu corpo e adapte a bebida à sua realidade.

- **Símbolos alternativos:** se alguns símbolos tradicionais dos Sabbats do Hemisfério Norte não estão presentes na natureza local durante a estação correspondente, procure alternativas. Por exemplo, se os Sabbats do inverno estão sendo celebrados no verão do Hemisfério Sul, utilize símbolos que representam o calor, o crescimento e a vitalidade. Você pode adaptar as celebrações usando na decoração símbolos tradicionais, podendo ser incorporados mesmo que alguns elementos não sejam sazonais.

- **Compreensão do significado:** entenda o significado mais profundo de cada Sabbat e como ele se relaciona com a natureza ao seu redor. Isso permitirá que você adapte os rituais de maneira significativa, honrando os princípios espirituais associados a cada festividade.

- **Incorporação de elementos culturais locais:** explore elementos culturais locais que possam complementar as celebrações dos Sabbats. Isso pode incluir lendas, mitos ou práticas tradicionais que tenham uma conexão natural com as festividades que você está celebrando.

- **Celebração da dualidade:** reconheça a dualidade das estações entre os hemisférios. Se estiver celebrando um Sabbat de inverno no Hemisfério Sul enquanto é verão no Norte, reflita sobre essa dualidade e como ela pode ser incorporada aos seus rituais.
- **Comunidade e compartilhamento:** participe de comunidades espirituais ou grupos locais que também estejam adaptando as celebrações dos Sabbats para o Hemisfério Sul. O compartilhamento de experiências e ideias pode enriquecer a prática espiritual.

Lembre-se de que a espiritualidade é uma jornada pessoal, e adaptar as celebrações para se alinhar com as condições locais é uma maneira valiosa de tornar a prática mais significativa e autêntica para você. Os rituais realizados devem estar em sintonia com a energia associada à festividade, incluindo meditações, agradecimentos e rituais.

No vasto universo das Tradições Pagãs e Wiccanianas, os Sabbats representam momentos sagrados de conexão com a natureza e os ciclos da vida. Cada Sabbat marca uma transição especial ao longo do ano, seja celebrando o renascimento da primavera, a colheita do outono ou a renovação espiritual do Solstício de Inverno. Mas em meio a todas essas tradições e rituais, é essencial lembrar que o verdadeiro poder de qualquer celebração reside na sua contribuição e na conexão pessoal com o sagrado.

O melhor ritual do Sabbat é aquele que brota da sua própria intuição, guiado pelos ritmos do seu coração e pela voz sussurrante de sua alma. Não importa em qual hemisfério estamos, pois a magia reside dentro de nós e transcende as fronteiras físicas ou temporais.

CAPÍTULO 11

Rituais Mensais

Primeiro dia do mês

Para iniciarmos bem nosso mês devemos receber com os braços e portas abertas as energias de prosperidade e alegria para nossa casa e nossa vida. Por isso, todo dia 1º de cada mês recebemos estas energias com um ou todos os feitiços a seguir:

Feitiço de soprar canela

O queridinho da internet. Você já deve ter ouvido em algum lugar sobre esse feitiço, mas agora vai entender o motivo de ele ser tão importante. O ritual de soprar canela tem suas raízes em tradições antigas, especialmente associado ao Ano-Novo e a recomeços, por isso a sopramos todo dia primeiro de cada mês. A canela é vista como uma especiaria sagrada, valorizada por suas propriedades purificadoras e protetoras. Ao soprar a canela, acredita-se que sejam afastadas energias negativas, dando espaço para a positividade e novos começos. Essa prática também é considerada uma forma de purificar o ambiente, atrair prosperidade e abrir caminho para oportunidades. A canela, com seu aroma doce e propriedades simbólicas, é usada como um ato ritualístico para celebrar o renascimento, trazer sorte e harmonia para o novo ciclo que se inicia. Faça este ritual simples para atrair prosperidade, abrir caminhos e especialmente para melhorar sua vida financeira. Tenha em mente que a prosperidade também se aplica a outras áreas da vida, como relacionamentos e espiritualidade. A canela atrai a energia do sucesso para a área da vida que você deseja.

Coloque três colheres (chá) de canela em sua mão, vá até a porta de entrada da sua casa e mentalize o sucesso e a prosperidade entrando em sua vida. Em seguida, diga as seguintes palavras:

Quando essa canela eu assoprar,
a prosperidade entrará!
Quando essa canela eu assoprar,
a felicidade reinará!
Quando essa canela eu assoprar,
a abundância aqui viverá!

Agora sopre a canela de fora para dentro. Assim como o pó, a prosperidade e o sucesso também entrarão na sua casa com muita energia Positiva!

É importante deixar a canela no chão por 24 horas, depois desse tempo, limpe o local normalmente.

Feitiço de soprar louro

Bem parecido com o feitiço da canela, mas com algumas finalidades diferentes, além da prosperidade o louro trabalha com a alegria, proteção, confiança e coragem.

O ritual de soprar o louro remonta a práticas antigas e é valorizado por suas associações místicas e propriedades purificadoras. O louro era considerado sagrado em várias culturas, ligado à vitória, proteção e visões espirituais. Soprar o louro é um gesto simbólico para purificar e limpar o ambiente de energias negativas, enquanto atrai sorte e clareza mental. Esse ritual busca oferecer proteção espiritual, estimular a intuição e abrir caminhos para o crescimento pessoal, tornando-se uma prática reverenciada por suas conexões espirituais e benefícios positivos.

Coloque três colheres (chá) de louro em pó em sua mão. Vá até a porta de entrada da sua casa e mentalize a proteção e a prosperidade entrando em sua vida. Em seguida, diga as seguintes palavras:

Quando esse louro eu assoprar,
a prosperidade entrará!
Quando esse louro eu assoprar,
a proteção se fortalecerá!
Quando esse louro eu assoprar,
a sorte aqui viverá!

Agora sopre o louro de fora para dentro. Assim como o pó, as energias do louro vão entrar e abençoar a sua casa. É importante deixar o louro no chão por 24 horas, depois desse tempo, limpe normalmente.

Feitiço de soprar cravo

Essa terceira variação ajuda também na prosperidade, mas seu foco principal é limpar a aura da casa, afastar o medo, ajudando também a melhorar a saúde dos moradores do local.

O ritual de soprar o cravo remonta a tradições ancestrais e é enraizado nas propriedades místicas e curativas dessa especiaria. O cravo é considerado uma erva protetora, com aplicações espirituais e medicinais. Soprar o cravo é um gesto simbólico usado para afastar energias negativas, atrair boa sorte e promover cura espiritual e física. Essa prática visa purificar o ambiente, oferecer proteção contra influências indesejadas e promover um estado de equilíbrio e bem-estar. O cravo, com seu aroma intenso e propriedades curativas, é valorizado por seus benefícios espirituais e terapêuticos, tornando-se uma prática reverenciada em rituais de limpeza e harmonização.

Coloque três colheres (chá) de cravo em pó em sua mão, vá até a porta de entrada da sua casa e mentalize a cura, a coragem e a Luz Universal entrando em sua vida. Em seguida, diga as seguintes palavras:

Quando esse cravo eu assoprar,
a Luz entrará!
Quando esse cravo eu assoprar,
a saúde se fortalecerá!
Quando esse cravo eu assoprar,
a abundância aqui viverá!

Agora sopre o cravo de fora para dentro. Assim como o pó, as energias do cravo vão entrar e abençoar a sua casa. É importante deixar a cravo no chão por 24 horas, depois desse tempo, limpe o local normalmente.

Banho de atração

Vamos complementar os feitiços do 1º dia com um banho para atrair boas oportunidades e prosperidade para o mês que está se iniciando. Esse é o banho de atração mais eficaz que eu conheço, ele me ajuda muito, vale experimentar.

Material necessário
- 1 colher de sopa de arruda picada, fresca ou seca
- 2 colheres de sopa de alecrim, seco ou fresco
- 3 canelas em pau (melhor em pau mesmo, em pó pode irritar a pele)

Faça esse banho antes de dormir, Ferva 1 litro de água. Em uma vasilha maior, que suporte 2 dois litros de água, coloque os ingredientes e, com cuidado, coloque a água fervente. Com um pano limpo tampe a infusão, espere 10 minutos e coe.

Agora esquente 1 litro de água (não precisa ferver) e adicione no preparado. A temperatura deve ser quente o suficiente para que você possa tomar seu banho higiênico e ainda estar agradável quando for usar seu banho mágico.

Tome seu banho com calma, mentalizando o que deseja atrair, emprego, oportunidades, um companheiro, etc.

Jogue a mistura do pescoço para baixo e seque muito levemente. Vá direto para a cama e mentalize o que você quer para a sua vida e agradeça como se já tivesse conquistado.

Décimo quinto dia do mês

Assim como o primeiro dia do mês é usado para atrair coisas boas, no meio do mês trazemos equilíbrio, mantendo essa energia boa e tirando as que possivelmente não são desejadas.

Feitiço do açúcar

Dificilmente você vai ver o açúcar com os mesmos olhos depois de ler essas linhas. Você sabia que o açúcar além de auxiliar no afastamento de energias negativas, desânimo ou mal-estar, traz vigor, bem-estar e vibrações de prosperidade e amor? É gente! Então vamos usar esse poderoso aliado na nossa vida!

Material necessário
- Açúcar baby!
- Vela dourada

Durante o dia, de preferência no dia 15 de cada mês, abasteça o potinho de açúcar da casa, mas antes vamos encantá-lo para seus benefícios mágicos!

Coloque sobre uma mesa, a de sua casa mesmo, todos os sacos de açúcar que serão usados, todos os que você tiver em casa, assim poderá consagrá-los de uma só vez!

Acenda a vela e recite este encantamento:

Sua doçura em minha casa vai reinar,
sua doçura as energias negativas vai afastar.

Felicidade em provar,
desânimo afugentar!

Vem magia, beleza e vigor,
vibre açúcar, trazendo prosperidade e amor!

Espere a vela queimar até o final, use o açúcar normalmente, inclusive em banhos se assim quiser.

Feitiço da Lavanda

Agora vamos equilibrar as energias com esta erva maravilhosa. Ao lado do alecrim, a lavanda é uma das minhas plantas favoritas. A energia que dela emana, auxilia a estabilizar e a equilibrar as energias dos corpos físico, astral e etérico.

Material necessário

- 1 colher de sopa de lavanda
- 2 litros de água

Ferva 2 litros de água, apague o fogo, adicione a lavanda, misture bem e diga:

Elemental iluminado da lavanda.
Conceda a graça de depositar nesta água
os poderes vitais e equilibradores
para que seja promovido teus benefícios
nesta casa e em seus moradores.
Assim Seja!

Agora tampe bem e espere amornar. Quando amornar coe e separe em porções.

Um pouco em um spray para aspergir nas camas da casa e nas paredes. Deixe um pouco para misturar no balde para passar pano na casa, um pouco para banho e um pouco para chá.

Tenha o hábito de usar a lavanda em tudo, pelo menos 1 x ao mês, preferencialmente no dia 15 de cada mês.

Último dia do Mês

Chegando ao fim do mês, vamos nos preparar para afastar as energias que não queremos que nos acompanhem no início do próximo mês. Tendo esse hábito como rotina, mantemos as energias da casa sempre saudáveis, limpas, equilibradas e prósperas.

Feitiço da Sálvia

Esta plantinha também é muito querida, pois ela é multiuso.

Na categoria de limpeza ela vai nos ajudar limpando a aura da casa e de seus moradores.

Material necessário

- 1 ramo de sálvia fresca
- barbante

Pegue o barbante e amarre a ponta do ramo de sálvia. Dobre ele ao meio e vai enrolando no ramo até o fim e depois volte até o ponto de partida dando um nó, mas deixando uma ponta de barbante.

Pendure perto da entrada de casa em um local que não pegue chuva, mas que bata luz. Conforme a sálvia vai secando ela vai vibrando suas energias de limpeza, ajudando a limpar as energias de quando chegamos da rua carregados. Quando o ramo estiver bem sequinho, o que leva cerca de 1 mês, você o queima no último dia do próximo mês como incenso natural.

Separe algumas folhinhas para fazer seu chá e divida em partes para fazer um pouco de spray para aspergir nas camas da casa, nas portas e nas paredes.

Separe um pouco para misturar no balde para passar pano na casa e um pouco para o banho.

CAPÍTULO 12

Montando seu Grimório

Tudo que anotamos em nossos grimórios é fruto dos nossos estudos. Minha sugestão é que você:

1. Escolha um tema de estudo
2. Estude sobre o tema
3. Faça um resumo
4. Anote em seu Grimório com as devidas referências

Evite simplesmente copiar. Quando você lê e escreve com suas palavras, aquilo fica impregnado com a sua energia e ganha sentido.

Seu Grimório não precisa ser um amontoado de informações que você nunca vai ler. Ele tem que ser um lugar onde você vai buscar informações e encontrá-las de maneira rápida.

Deixe seu Grimório organizado, use um fichário se preferir, cole coisas úteis nele, personalize! Tenha a mão feitiços fáceis e rápidos que você realmente vai usar! Tenha uma rotina de estudos, nem que seja 10 minutinhos por dia. Escolha um tema e busque fontes diferentes sobre ele.

Faça resumos dos seus estudos e passe para seu Grimório.

Veja a seguir mais detalhadamente como você pode se aprofundar e o que pode ajudar bastante nessa nova jornada:

- **Organize por categorias:** crie um layout claro e organizado para suas anotações. Utilize títulos e subtítulos para identificar cada categoria.

- **Utilize tabelas ou listas para registrar as correspondências:** por exemplo, crie uma tabela com os planetas e seus significados mágicos correspondentes. Inclua notas detalhadas sobre cada correspondência. Explique como essas energias podem ser incorporadas em rituais específicos ou em trabalhos mágicos.

- **Dê exemplos práticos:** inclua exemplos ou experiências pessoais para ilustrar como aplicar essas correspondências em práticas mágicas.

- **Reúna informações:** aprenda e internalize os significados das cores, tenha cristais específicos para áreas de afinidade e saiba sobre suas propriedades, formas e métodos de limpeza. Estude os elementais e desenvolva uma conexão mais profunda com essas energias sutis da natureza. Classifique suas ervas por categorias, para facilitar o acesso durante suas práticas. Aprenda sobre o uso mágico das flores e como integrá-las em seus rituais e feitiços.

- **Astrologia e correspondências planetárias:** reserve uma seção específica em seu grimório para as correspondências planetárias e a Astrologia. Vá além do horóscopo semanal e explore os signos de forma consciente para um autoconhecimento mais profundo, procure identificar suas áreas de força. Utilize a Astrologia para potencializar suas magias, compreendendo as influências dos planetas em seus rituais. Pesquise sobre as luas nos signos, fases da lua e como elas influenciam suas emoções e práticas mágicas.
- **Montagem de Rituais:** anote como você montou seus rituais eficazes, o que pode ser substituído e os comportamentos adequados durante as práticas.
- **Atualize Regularmente:** lembre-se de atualizar suas anotações conforme você expande seu conhecimento. Adicione novas informações ao seu grimório para mantê-lo relevante e útil ao longo do tempo.

Referências Bibliográficas

BETH, Rae, *A Bruxa Solitária*, Bertrand Brasil.

CABOT, Laurie. *O Livro dos Feitiços e Encantamentos de Laurie Cabot*, Editora Alfabeto, 2020.
____. *O Poder da Bruxa*, Editora Alfabeto, 1991.

CUNNINGHAM, Scott, *A Verdade sobre a Bruxaria Moderna*, Editora Gaia.
____. *Guia Essencial da Bruxa Solitária*, Editora Gaia.

DUNWICH, Gerina. *A Magia das Velas*, Bertrand Brasil, 1989.

FARRAR, Janet & Stewart FARRAR. *A Bíblia das Bruxas*. São Paulo: Alfabeto, 2017.

MARTINEZ, Mario. *Wicca Gardneriana*, São Paulo: GAIA, 2005.

MILLENNIUM. *Wicca – A Bruxaria Saindo das Sombras*. São Paulo: Madras, 2004.

PRIETO, Claudiney. *Wicca: A Religião da Deusa*. São Paulo: Editora Alfabeto.

SARACENI, Rubens, *A Magia Divina das Velas*. Madras Editora, 2019.
____. *O Livro das Sete Chamas Sagradas*, Madras Editora, 2019.

STARHAWK, *A Dança Cósmica das Feiticeiras*, Record.

VAN FEU, Eddie. *Wicca – Uma Iniciação à Magia*, Editora Linhas Tortas.

SITE GATO MÍSTICO
- http://www.gatomistico.com.br/2008/07/tabela-de-incensos.html Acessado em 2018

SITE ALTO ASTRAL
- https://altoastral.blogosfera.uol.com.br/2019/07/01/cada-pessoa-tem-um-animal-de-poder-para-sua-protecao-saiba-como-descobrir. Acessado em 2020.
- https://www.conhecimentoantigo.com.br/pt-br/esbaths/lunacoes/lua-do-lobo

Anotações Gerais

Janeiro

Fevereiro

Março

Abril

Maio

Junho

Julho

Agosto

Setembro

Outubro

Novembro

Dezembro

Sugestão de Leitura